나 코치의 파는 기술

100억짜리 이커머스는 처음 1년에 완성된다

나 코치의 파는 기술

100억짜리 이커머스는 처음 1년에 완성된다

| 나유업 지음 |

Selling

skills

북스톤

중국집 사장이 망하지 않는 이유

온라인 비즈니스, 이커머스에 발을 들인 지 15년째입니다. 이커머스를 한마디로 표현하라면 치열한 경쟁, 그 자체입니다. 공간과 시간의 제약이 없는 온라인 세상이지만 아이러니하게도 자기만의 영역을 갖기란 시공간의 제약이 따르는 오프라인보다 어떤 면에서는 몇 배나 더 어렵습니다. 그럼에도 많은 분들이 생각보다 쉽게, 더러는 준비되지 않은 채 이커머스에 뛰어듭니다. 과거의 제가 그랬던 것처럼요.

저의 온라인 창업을 돌이켜보면 다소 단순 무식했습니다. '좋아하는 옷을 온라인으로 팔아서 돈을 벌자'는 순진한 마음

뿐이었습니다. 아이템은 여성의류. 서울로 올라와 수색동 지하에 사무실을 얻고 오픈마켓에서 여성복을 팔기로 한 후 친구들과 의기투합해 역할을 나누어 맡았습니다.

모든 일이 계획대로만 된다면 얼마나 좋을까요. 모델도 섭외하고 모델 체형에 맞는 제품을 대량으로 자신 있게 사입했는데, 정작 촬영 당일에 모델과 연락이 닿지 않았습니다. 서둘러 모델 재섭외를 알아보던 중 혹시나 싶어 오픈마켓에 우리가 사들인 제품을 검색해보니 이미 우리가 매입한 가격에 판매되고 있었습니다. 마진을 붙일 수 없으니 같은 옷을 손해 보고 팔아야 할 판이었습니다.

아무것도 모르던 시절이라 답을 찾을 수 없었습니다. 판매 시기는 놓쳤고, 지하에 쌓아둔 옷에는 곰팡이가 피기 시작하고, 동업하던 친구들은 생활고로 하나둘 다시 지방으로 내려갔습니다.

어렵게 모은 돈을 날리고 나니 정작 돈을 잃었다는 것보다 더 뼈아픈 사실이 있었습니다. 무엇이 잘못되었는지는 알겠는데 제가 할 수 있는 일이 없었습니다. 그렇게 준비되지 않은 창업의 쓴맛을 제대로 보았습니다.

그러나 아주 다행히도 제 첫 사업은 실패로만 끝나지 않았습니다. 절반의 실패이자 절반의 성공이었습니다. 실패를 통해 제 평생직업의 실마리를 찾았으니까요.

우연히 만난 어느 사장님에게서 '중국집이 절대 망하지 않는 비법'을 듣게 되었습니다. 호기롭게 시작한 첫 사업을 말아먹고 나니 절대 망하지 않는다는 말에 귀가 번쩍 뜨였습니다. 사장님 말인즉슨 중국집 주방 일은 일반인들이 상상도 못할 만큼 고되어서 반년도 못 가 주방장이 바뀌기 일쑤라고 합니다. 걸핏하면 관두는 주방장 때문에(혹은 덕분에) 사장님은 짜장면이나 탕수육 같은 기본 메뉴는 직접 만들게 되었다고 합니다. 결국 주방장이 없어도 중국집을 운영할 수 있는 최소한의 내공을 갖춘 사장이 되는 게 망하지 않는 비법이었습니다.

그 이야기를 들으며 제가 첫 창업에 실패한 진짜 이유가 무엇인지 다시 한 번 절감했습니다. 그리고 내가 모든 업무를 알게 될 때까지는 다시 창업하지 않으리라 다짐했습니다.

실패를 맛봤지만 온라인을 떠나고 싶지는 않았습니다. 무엇보다 제가 좋아하는 일이고, 반드시 실패를 만회하고 싶다는 오기도 있었으니까요. 이커머스와 관련된 모든 업무를 배우겠다는 결심으로 갓 론칭한 남성의류 쇼핑몰에 월급 40만 원을 받고 취직했습니다. 누가 시키지 않아도 매일 새벽시장을 돌았고, 아침이 되면 집으로 돌아가 온라인 광고를 독학했습니다. 빠르게 성공하는 방법은커녕 지금 당장 무얼 해야 하는지 가르쳐주는 사람 하나 없었지만, 어떻게든 우리 제품을 하나라도 더 팔아보려 필사적으로 노력했습니다. 그래야만 했고, 의지와 경험이 쌓이면 못할 일이 없다고 믿었습니다.

노력의 결실인지, 첫 직장에서 100억대 매출을 달성했습니다. 그 성공 경험을 밑천으로 다시 창업의 길에 뛰어들었습니다. 아이러니하게도 친구들과 으쌰으쌰 파이팅하며 시작한 창업보다 다른 사람 밑에서 어렵게 배운 시간이 오히려 저를 창업가로 만들어준 것입니다. 맨땅에 부딪히는 과정이 힘들지 않았다면 거짓말이겠지만, 그 시간이 제게 파는 체력을 만들어준 것을 생각하면 고마울 따름입니다.

창업 후 정말 바쁘게 뛰었습니다. 제 쇼핑몰을 운영하는 것 외에도 광고대행업, 이커머스 컨설팅을 해오며 수많은 (쇼핑몰) 오픈에 참여했습니다. 수백 곳의 업체를 만나며 그들의 잘나가는 모습도, 더러는 몰락하는 모습도 함께했습니다. 지금도 더 많은 업체가 온라인에서 더 잘 팔 수 있도록 돕고 있습니다.

제 명함에는 '서울벤처스 CMO'라 적혀 있지만 사람들은 저를 '나 코치'라 부릅니다. 우리 팀 선수를 가르치는 마음으로 일하기에 그렇게 불릴 수도 있고, 늘 배움을 강조하는 저이기에 그렇게 부를 수도 있겠습니다.

파는 일을 돕는 코치로서 하고 싶은 말은 너무 많습니다만, 하나만 꼽으라면 이것입니다.

이커머스 세상의 창업자라면 모든 일을 잘하지는 못하더라도, 모두 다 할 줄은 알아야 한다는 겁니다. 스페셜리스트가 자신의 기술을 발휘하는 사람이라면, 이것저것 다 할 줄 아는 제너럴리스트는 돈을 버는 사람이라는 말이 있습니다. 살아남는 것 자체가 지상과제인 작은 신생업체라면 더욱더 그렇습니다. 제품 사업, 촬영, 편집부터 물류, 고객응대, 재고관리까지 일이 끝이 없는 데다, 이 많은 일을 본인이 알지 못하면 누군가에게 제대로 시킬 수도 없습니다.

담당자가 혹은 동업자가 알아서 잘해줄 거라고 믿고 맡기고 계신가요? 안정궤도에 올랐을 때라면야 신뢰경영일 수 있지만 사업 초기에는 아마추어리즘일 뿐입니다. 자칫하면 독이 되어 돌아오기 쉽습니다. 게다가 업무의 생리와 특성을 잘 알지 못하면 모델이 잠수 타는 흔한 사고 하나에도 흔들릴 수밖에 없습니다. 초창기의 저처럼 말입니다.

물론 업무를 다 파악한다고 해서 누구나 '망하지 않는 사장'이 될 수 있는 것은 아닙니다. 사장이 업무를 꿰고 있어도 잘못된 방향으로 간다면 망할 곳은 망하죠. 그러나 적어도 망하지 않을 조건은 갖추고 시작할 수 있습니다. 최소한의 기초체력, 파는 체력을 갖추지 않고 창업한다는 것은 자살행위나 마찬가지임을 안타깝게도 여러 창업자들의 폐업을 지켜보며 절감했습니다. 이커머스 업계의 부러움을 사는 사업자들도 초반에 기초를 탄탄하게 다져놓았기에 지금의 성공과 부를 쌓을 수 있었습니다. 100억 매출은 첫 1년에 결정된다는 것을 잊지 마시기 바랍니다.

이 책에서 저는 공간과 시간, 거리의 제약이 없는 이커머스에서 잘 파는 기술에 대해 썼습니다. 파는 기술이라 말하지만 결코 쉽게 파는 공식이나 빨리 갈 수 있는 팁만을 담으려 하지는 않았습니다. 집요하게 파는 체력을 키우고, 파는 흐름을 만들 줄 아는 기술을, 살아남기 위한 최소한의 자격을 갖추는 과정을 전하고자 했습니다.

제가 하는 코칭은 크게 3개의 흐름으로 진행됩니다. 한 줄로 설명할 수 있을 만큼 매우 간단합니다. 첫 번째는 기초체력을 갖추는 것이고, 두 번째는 외부 흐름을 활용해 파는 것이며, 세 번째는 그 흐름을 타고 니이가 스스로 파는 흐름을 만드는 것입니다. 이 책에도 그 내용이 담겼습니다. 최소한 3년은 버티기 위해 필요한 자질부터 이커머스 플랫폼 성격과 카테고리를 정하는 전략, 우리만의 고객을 만들고 지키는 원칙과 노하우, 운영자도 놓치기 쉬운 오류와 실수를 바로잡는 방안을 담았습니다. 그럼으로써 망하지 않는 이커머스, 지속가능한 사업을 일구는 마인드까지 차분히 한 단계씩 밟아나갈 수 있도록 구성했습니다.

폐업률이 70%를 넘어가는 치열한 이커머스 시장에서 '살아남는 자격'만큼 든든한 말이 또 있을까요? 부디 이 책이 절박함과 설렘으로 이커머스에 뛰어든 분들이 가장 먼저 떠올리는 파트너가 되길 바랍니다.

코치 나유업

시작하는 마음

3년을 버틸
각오와 용기

예비 창업가에게

이커머스 창업이 대세이긴 한가 봅니다. 이 일에 몸담고 있으니 당연하겠지만 최근 저에게도 온라인 창업에 관해 물어보는 이들이 부쩍 늘어났습니다. 한때 너도나도 '나도 카페나 한번 해볼까?'라고 했던 것처럼 '나도 스마트스토어나 쇼핑몰 한번 해볼까?'라고 꿈꾸는 분들이 적지 않은 듯합니다.

이커머스의 세계가 그만큼 매력적이라는 증거일 테죠. 하지만 저는 창업하고 싶다며 찾아오는 분들을 일단 말립니다. 웬만하면 하지 마시라는 것이 저의 처음 의견입니다. 이유는 말 안

해도 아실 겁니다. 너무 경쟁이 치열하니 말리고 싶은 겁니다.

하지만 창업과 성형은 죽어도 못 말린다는, 세간에 진리처럼 떠도는 말이 있습니다. 한번 결심하면 잘 접어지지 않는 것이 사람 마음이므로, 제가 말려도 할 사람은 창업을 합니다. 이미 하겠다고 결심하고 찾아온 분들이 대부분이고, 그중에는 해서 잘되는 사람도 분명 있습니다. 오프라인에서 잘되는 식당에 손님들이 줄을 서는 것처럼, 온라인에서도 잘하는 집은 티가 납니다. 확실한 승자가 존재하는 세상이 이커머스이며, 지금도 많은 이들이 이커머스에 도전하는 이유입니다.

그렇게 뜻을 굳힌 예비 창업자에게 하는 다음 조언은 직장을 그만두지 말라는 것입니다. 이커머스의 매력, 강점을 잘 활용하라는 것과 같은 맥락입니다. 공간의 제약이 없는 온라인에서 사업하는데 굳이 사무실부터 구해야 할 이유가 있을까요? 아직도 적지 않은 분들이 창업한다면서 사무실부터 찾는데, 저는 사무실도 직원도 구하지 말고 일단 웹사이트 하나를 만들어보시라고 권합니다. 싸게는 수십만 원이면 만들 수 있으니 설령 도중에 그만둬도 크게 손해 볼 일이 없습니다.

그다음으로 사업자등록증 없이도 할 수 있는 서류업무를 미리 처리해두는 것도 중요합니다. 가령 페이스북의 광고계정은 사업자등록증이 없어도 만들 수 있습니다. 간편회원 가입이나 간편 로그인 등의 메뉴를 만들거나 소비자 보험인 에스크로 제도를 등록하는 데는 제법 시간이 걸립니다. 창업하고 나면 헛되이 쓰는 시간이 얼마나 많은지, 돈만큼 아쉬운 것이 시간이라는 걸 깨닫게 될 겁니다. 조금 얄밉게 들릴 수 있겠지만, 월급 받고 회사 다니면서 자투리 시간을 활용해 시간이 드는 업무를 미리 해두는 것이 좋습니다.

이렇게 구체적인 목표를 세우고 준비하는 것 외에 일상에서 꾸준하게 해야 할 것들도 있습니다. 빤한 말 같지만 가장 중요한, 자신의 안목을 키우는 일입니다. 안목은 보는 만큼 좋아지고, 안목이 높을수록 콘텐츠를 잘 만들 수 있습니다.

평소 핀터레스트 등에서 자신이 좋아하는 주제와 관련한 콘텐츠를 최대한 많이 찾아보길 권합니다. 옷을 좋아한다면 핫플레이스나 번화가에 가서 사람들이 요즘 무엇을 입는지 관찰할 필요가 있습니다. 식당을 차리려는 분들이 자신이 점찍은 동네 상권에 가서 유동인구가 얼마나 되는지, 사람이 얼마나 다니는지 한참 지켜보는 것처럼, 이커머스 창업도 크게 다르지 않습니다. 우리가 아이폰 신형이 나왔을 때 실물을 구경하기도 전에 거금을 주고 대뜸 구입하는 건 애플의 안목을 믿기 때문이잖아요.

온라인에서 잘 파는 사람들의 공통점은 콘텐츠가 뛰어나다는 겁니다. 콘텐츠라고 해서 거창한 게 아닙니다. 사진만 잘 찍어도, 카피만 좀 더 맛깔나게 써도 엄청난 콘텐츠 능력이 될 수 있습니다. 따라서 평소 이커머스에서 먹힐 내 강점이 무엇인지 알고 연마할 필요가 있습니다. 그 강점을 온라인에 맞게 발전시켜가는 겁니다.

비슷한 맥락에서 가능하다면 중고거래를 자주 해보시길 권합니다. 창업은 실전이니 그 전에 파는 연습을 돈 안 들이고 해보는 거죠. 실제 저는 회사에서 파는 샘플이나 중고 옷들을 중고거래 카페에 올려놓고 팔면서 어떤 제품의 반응이 좋은지 테스트하곤 했습니다. 사이트 홍보는 물론 실제 판매로 이어지기도 하는 이중의 효과가 있습니다.

마지막으로 가장 중요한 것, 먹힐 '아이템'이 있느냐입니다. 꼭 이커머스가 아니어도 사업 경험이 있다면 어느 정도 비즈니스의 생리를 알고 위기에 대처할 수 있겠지만, 그렇지 않다면 아이템으로 승부를 보는 수밖에 없습니다.

가깝게 지내는 후배 이야기를 해보겠습니다. 그 친구는 한창 LED 마스크가 유행하던 시절 중국업체에서 제품을 들여와 팔았습니다. 어느 정도 매출은 나왔지만 구매대행이다 보니 세금 문제가 발생해 그만두고 지금은 빔프로젝터를 들여와 팔고 있습니다. 그 친구가 아이템으로 빔프로젝터를 선정한 이유는 단순했습니다. 경쟁사 리뷰를 모두 읽고 넷플릭스를 지원하는 빔프로젝터가 의외로 드물다는 걸 알게 돼, 그러한 제품을 일부러 검색해 사이트에 들어오는 고객들을 잡은 겁니다.

필요한 물건을 일부러 검색해서 사는 것은 목적구매의 영역이고, 그렇지 않은 것은 충동구매의 영역입니다. 고객이 필요로 하는 아이템을 갖추거나, 그렇지 않다면 세상에 없는 것들을 조합하거나 매력적인 콘텐츠를 내세워 고객의 구매 충동을 자극할 수 있어야 합니다. 마케터들은 이를 '후킹hooking'이라 하던데, 저는 '유혹'이라고 합니다. 유혹과 낚시질은 엄연히 다르죠.

고객을 합법적으로 유혹할 준비가 되었다면 이제 이커머스 창업에 뛰어들어도 좋습니다. 제 책도 합법적이고 성공적인 유혹이 되었으면 좋겠는데, 어떠신가요?

1년차 창업가에게

1년차 창업가의 가장 큰 고민은 뭘까요? '1년차 창업가에게'라고 한 줄 써놓고는 한참 화면을 바라보았습니다. 이제 발을 들였으니 도로 물릴 수도 없고, 고민이 많아질 시기입니다.

사실 연차에 상관없이 공통된 고민을 꼽자면 '파는 것'입니다. 창업자뿐 아니라 모든 마케터들의 고민이기도 합니다. 우리는 늘 어떻게 팔 것인지에 대한 고민을 하고 있습니다. 할 수밖에 없고요. 현업에서 뛰는 운영자들은 반짝이는 노하우를 찾기 위해 각종 강연도 기웃거려 보지만 정작 본질과 핵심을 관통하는 방법은 잘 보이지 않습니다. 아쉬운 마음에 스스로 자료도 찾고 책도 읽고 유튜브도 봅니다. 분명 내용은 좋은데 내가 적용하자니 어렵게만 느껴집니다. 오히려 노하우라 하기도 어려운, 단물 다 빠진 내용만 만나기 십상입니다. 옛날 얘기 같은데 지금 그대로 해도 될까 의구심이 들고, 현실에 적용하려 해도 크게 와 닿는 것이 없습니다.

그래서 여기서는 정답을 찍어준다는 달콤한 이야기보다, '파는 힌트를 얻는 법'에 대해 이야기해보려 합니다.

먼저 알아야 하는 게 있습니다. 파는 행위는 누구나 할 수 있지만 팔리는 것은 판매자가 결정하는 게 아니라는 사실입니다. 고객이 결정하는 거죠. 많이 팔고 싶다는 마음이 아무리 간절해도 실제로 팔리는 건 다른 문제입니다.

제 경험을 이야기해보겠습니다. 처음 남성의류 쇼핑몰의 창업멤버로 참여해 수많은 과정을 거쳐 웹사이트를 완성하고 상품안내 페이지를 만들던 기억이 지금도 생생합니다. 새벽에 눈도 제대로 못 뜬 채 일어나 도매시장을 뒤져 상품을 가져오는 일로 하루를 시작해 모델에게 옷을 입히고 사진을 찍고 사진을 정하고 폴더를 분류하고 그럴싸하게 보정하고 디테일 컷도 만들었지만, 노동의 결과는 처참했습니다.

전혀 팔리지 않았습니다.

이때 1년차 창업자의 착각 또는 오류가 일어납니다.

'이렇게 열심히 했는데 왜 안 팔려? 제품은 좋은데 광고가 문제 아닐까?'

마음이 급해집니다. 네, 저 역시 그랬습니다.

그러나 광고비를 충전하고 광고를 해도 비용만 빠져나갈 뿐 여전히 제품은 팔리지 않았습니다. 방문만 하고 구매는 안 하는 고객들이 얄미워서 왜 사지 않느냐고 붙잡고 물어보고 싶었지만, 온라인이니 물어볼 방법도 없고 답답했습니다.

저는 왜 팔리지 않을까에 대한 고민에 다시 빠졌습니다. 당시에는 데이터 분석이나 광고 툴을 몰랐으니 이 부분은 제외하고 얘기하겠습니다. 설명이 문제인가? 사진이 문제인가? 계속 이것저것 바꿔보고 수정하고 더 자주 업데이트를 해도 매출은 그대로였습니다. 당연한 이야기일지 모르지만 그 제품이 팔리도록 만드는 것은 내가 아니라 고객이 결정하는 것이니 어려울 수밖에요.

가장 답답했던 건 내 제품이 왜 안 팔리는지 물어볼 곳이 없었다는 겁니다. 2006년에는 온라인 판매에 관한 정보가 턱없이 부족했습니다. 누가 나서서 제게 가르쳐줄 리도 없었고요.

고민 끝에 생각을 바꿨습니다. 아는 사람들에게 먼저 팔아보기로 한 겁니다. 적어도 그들에게는 피드백을 들을 수 있으니까요.

고백하자면 시즌이 지나기 전에 제품을 팔아야 하는데 광고비는 없고, 해서 몹시 절박한 마음으로 지인들에게 도와달라고 부탁했습니다. 제 휴대폰의 모든 연락처가 무료광고처럼 보였습니다. 당시 휴대폰에 저장된 가족들, 친척, 친구들, 군대 동기들은 물론 사돈의 팔촌까지, 알릴 수 있는 모두에게 알렸습니다. 진짜 죽을 힘을 다해서 만들었으니 의견 좀 달라고요.

싸이월드 미니홈피와 블로그도 만들어 제품과 관련된 포스팅을 올렸습니다. 그러고는 평가를 기다렸죠.

그때 오프라인 매장에서 아르바이트를 하던 제 친구가 이런 피드백을 주었습니다.

"우리는 셔츠를 소모품처럼 입으니까 편한 옷이 좋아. 컬러도 많으면 좋고. 덩치 큰 친구들에게 추천하는 용도니 사이즈가 다양하면 더 좋고."

네, 1년차인 제게는 광고비보다 '물어볼 수 있는 고객'이 필요했습니다.

친구 말을 듣고 당장 시장으로 달려가 가장 사이즈가 많은 제품을 찾아냈습니다. 거래처에서는 컬러도 다양하고 매년 잘 팔리는 아이템이니 품절 걱정도 없다고 말해주더군요. 쇼핑몰 오픈 후 2년 동안 꾸준하게 베스트 1위를 지킨 제품은 이처럼 싱겁게(?) 탄생했습니다.

그 밖에도 신발은 좋은 걸 신는 편이니 비싼 수제화를 가져와 달라는 의견을 듣고 당장 샘플을 받아서 피팅도 생략한 채 제품 사진만 찍어 올렸더니, 지인의 친구들이 조금씩 구매해주었습니다. 누군가 원하는 걸 말해주면 언제든 달려가서 가져왔습니다. 그렇게 내가 물어볼 수 있는 이들에게 전화하고 문자를 하며 필요한 걸 말해주기만 하면 내가 다 찾아주겠다고 약속했습니다. (스마트폰이 없던 시기라 전화비가 꽤 많이 나왔던 걸로 기억합니다.)

그렇게 몇 달을 버틸 수 있는 자금이 겨우겨우 돌아가기 시작했습니다. 그리고 시간이 흐르면서 어머니 친구의 아들이 구매하고, 친구의 친구가, 동생의 친구가, 이제 제가 모르는 사람들까지, 원하는 물건을 찾아준다는 소문에 조금씩 우리 고객이 되었습니다. 그렇게 웹사이트가 조금씩 채워지고 완성되어 가면서 바이럴이 일어나고 일반 고객들에게도 제품이 팔리기 시작했습니다.

만약 그때 제가 '이제 막 오픈해서 부끄럽고 부탁하기 민망하니 조금 더 잘된 다음에 지인들에게 알려야지'라고 생각했다면, 제품을 반드시 팔아야 하는 시기를 놓쳤을 겁니다.

그렇게 초라하게(?) 성장한 사이트는 2008년, 2년도 되지 않아 월 매출 18억 규모까지 성장했습니다. 추후 회사를 떠난 후에야 업계 관계자에게서 동종 카테고리 1, 2위를 하는 대표 쇼핑몰도 매출 10억을 넘기는 곳이 거의 없었다는 말을 들었습니다. 팔려고만 하지 않고 물어볼 수 있는 고객을 떠올린 것이 먹힌 셈입니다. 사업을 하면서 무조건 고객 관점에서 생각하기로 기준을 정한 계기이기도 합니다.

물론 이 또한 옛날 얘기입니다. 지금과는 전혀 다른 환경이죠. 모바일 기반이 아니었고 지금만큼 경쟁이 치열하지 않았기에 누군가는 운이 좋았다고 말하기도 합니다. 지금은 통하지 않을 노하우라 말할지도 모르겠습니다. 그러나 같은 관점에서 다른 남성의류 업체 컨설팅을 했을 때 월 매출 2800만 원에서 3개월 만에 매출 10억을 달성하고, 이듬해에는 남성의류 최초로 연 매출 300억을 달성함으로써 '운'이 아님을 입증했습니다. 모두가 고객 관점이 가져다준 결과입니다.

고객 관점은 운이 아니라 실력입니다. 앞으로도 그렇겠지만 창업 1년차라면 무조건 고객의 행동에서 힌트를 얻어야 하고, 고객의 니즈가 식기 전에 당장 실행해야 합니다.

당시에는 데이터 분석이란 개념도 없던 시절이었습니다. 그러나 중요한 건 분석이 아니라 '물어볼 수 있는 고객'이 있는가입니다. 엄밀히 말하면 물어볼 수 있는 용기가 있느냐입니다. 지인에게 피드백을 구할 수 있는 절박함도 없다면, 민망함을 이겨낼 용기도 없다면, 미안하지만 지금이라도 창업을 그만두기를 권합니다. 내 편인 사람들에게조차 물어볼 용기가 없다면, 고객이 눈에 보이지 않는 이커머스 세상에서 살아남을 확률은 아주 낮을 테니까요.

2년차 창업가에게

창업 2년차, 힘든 길을 오셨습니다. 폐업하지 않고 살아남은 것을 축하합니다. 이제는 '팔리는 것'의 의미를 슬슬 깨닫고 있을 시기입니다.

1년차가 상품에 대해 고민하는 시점이라면 2년차는 접객, 모객에 대한 본격적인 고민이 필요한 시점입니다. 오프라인의 접객은 어떤 의미인지 아시죠? 그렇다면 온라인 세계의 접객은 무엇을 가리키는 것일까요? 이커머스에서의 접객은 고객을 계속 관리하고, 광고를 확장해 고객을 끌어모으는 것입니다.

아마 첫해에도 나름대로 시도를 했겠지만 대부분 우여곡절 끝에 돈만 까먹거나, 하긴 하는데 잘되고 있는 건지 애매했을 겁니다. 지인들의 피드백으로 제품개선도 했고 바이럴의 맛도 보았으니 이제 우리 고객을 어떻게 늘려갈지 전략을 세워야 하는, 아주 중요한 시점이 2년차입니다. 식당 창업이라면 음식맛과 메뉴를 어느 정도 해결한 후에야 손님을 어떻게 대해야 할지가 눈에 들어오는 것처럼, 이커머스 2년차에는 접객에 대한 고민이 깊어집니다.

저는 먼저 감각이 아닌 '확률'로 접근하라고 말하고 싶습니다. 지난 1년산 시인들의 싱품펑이나 비이럴, 감가에 의존해왔다면 이제는 데이터를 기반으로 우리 고객을 분석하고 전략을 짤 수 있어야 합니다. 즉 파는 체력을 키웠으면 이제부터 파는 기술을 본격적으로 익혀보시라는 당부입니다.

이에 앞서 반드시 해야 할 일이 있습니다. 우리 제품의 카테고리를 좁히는 겁니다. 어쩌면 가장 먼저 했어야 할 일입니다. 처음 이커머스를 시작하는 많은 분들이 의욕이 앞선 나머지 대형 쇼핑몰을 벤치마킹해서 제품군을 업데이트합니다. 그러나 검색으로 들어오는 고객들을 잡으려면, 카테고리를 무조건 늘리기보다 한 가지 아이템을 여러 종류 올리는 게 훨씬 유리합니다. 맨투맨, 후드티, 카디건… 뭐가 됐든 한 가지 아이템을 정해 수십 개씩 올려서 순차적으로 매출을 올리는 방식입니다.

저는 '40개 제품과 3가지 카테고리'라는 말로 이를 설명하곤 합니다. 40개 제품을 놓고 하나는 스테디셀러가 되는 기본 아이템, 그다음은 패턴이나 소재가 독특한 유행 아이템, 마지막은 우리만 제작하는 아이템으로 트라이앵글 카테고리를 완성하는 겁니다. 이렇게 카테고리를 좁히면 키워드 광고를 할 때도 '남자 블랙 롱코트'라는 식으로 어필할 수 있습니다. 특히 이커머스는 혼자 혹은 둘이 하는 소규모 창업이 대부분이라 초기에는 제품을 좁힐수록 커버하기 유리합니다.

어디서 많이 들어본 이야기 같지 않으신가요? 네, 맞습니다. 백종원 대표가 〈골목식당〉에 나와서 작은 가게 사장님들에게 공통으로 하는 주문입니다. 불필요한 메뉴를 줄이라는 거죠. 메뉴 가짓수가 많다고 다 팔리는 것도 아니고, 재고만 남아서 마진을 깎아먹기 십상입니다.

카테고리를 좁히고 아이템을 충실히 하는 이유는 이렇게 해야만 유의미한 데이터를 측정할 수 있고, 데이터가 확실해야 제대로 된 광고전략을 세울 수 있기 때문입니다.

1년 정도 웹사이트를 운영하다 보면 이커머스에서 파악해야 할 주요 지표들이 보입니다. 지식이 아닌 경험이 쌓여야 보이는 데이터입니다. 가장 중요한 건 구매전환율입니다. 우리 사이트에 들어온 사람이 과연 물건을 사고 나가느냐의 문제인데, 이를 알려면 우리가 파는 제품의 속성을 정확히 파악하고 그 기준을 알아야 합니다.

　가령 종이컵은 1년 동안 10번도 넘게 살 수 있지만 가구는 거의 재구매가 일어나지 않는 제품입니다. 자연히 광고전략도 객단가도 종이컵과 같을 수 없겠지요. 빈찬온 어떤가요? 구매 전환율이 높아도, 즉 자주 와서 사도 마진이 크지 않으니 정기 구독을 유도하는 게 유리합니다. 전략이 달라지는 거죠. 똑같은 고관여 영역이라 해도 건강검진은 재구매가 꾸준히 일어나는 상품이고, 보험은 한 번 하고 나면 끝나는 상품이라 대응이 달라집니다.

　이처럼 충실한 데이터를 기반으로 내가 파는 상품의 속성들을 좇아가다 보면 방문자의 의미를 읽는 방법도 터득하게 됩니다. 방문자가 1000명이라면 이를 뭉뚱그린 하나의 숫자로 볼 게 아니라, 한 명 한 명의 속성을 보는 게 중요합니다. 키워드 광고도 마찬가지입니다. 우리 사이트의 유입 키워드가 1000개일 수도 있고 1만 개일 수도 있고 10만 개일 수도 있는데, 그중에서 어떤 키워드가 먹혔는지, 고객들이 어떤 채널로 들어왔는지를 추적하고 의미를 해석할 수 있어야 합니다. 그에 따라 광고전략도 광고채널도 달라지는 것은 물론입니다.

　이런 업무쯤이야 대행사에 맡기면 되는 것 아니냐고 생각하실지 모르겠습니만, 앞에서 말씀드린 중국집 사장님 이야기를 기억하시기 바랍니다. 전문가 레벨까지는 아니어도 모든 업무의 속성을 알고 하는 것과 그렇지 않은 것은 엄청난 차이를 낳습니다. 창업 1년차에 우리 가게로 손님을 모셔오는 법을 배웠다면, 2년차에는 그 손님을 단골로 꽉 잡아둘 수 있어야겠죠? 다시 한 번 강조하지만 이커머스의 접객은 감각이 아닌 '확률'의 영역입니다.

3년차 창업가에게

3년, 이 숫자는 저를 찾아오는 창업자들이나 사장님, 마케터들에게 가장 먼저 언급하는 업력의 조건입니다. 3년에는 다양한 의미가 포함되어 있습니다. 3년은 무엇이든 즉시 실행할 수 있는 업력입니다. 예비 창업자나 2년차 창업자까지는 어떤 이야기를 하든 용어나 배경에 대한 자세한 설명이 필요한데, 3년이 되면 통역이 없어도 즉각 말이 통합니다. 자연히 실행도 빨라집니다.

또한 자신의 힘으로 기본기를 갖추는 시간입니다. 회사에 입사해서 3년 정도 지나면 어느 정도 실무를 익히고 사원에서 대리로 승진하는 것과 마찬가지죠. 심지어 은행에 가서 회사 명의로 대출을 받으려 해도 3년이라는 단위에 따라 대출 가능 여부와 금액이 달라집니다.

3년차 창업가는 왜 우리 회사보다 경쟁사가 더 잘되는지 압니다. 업계 1등이 왜 1등인지도 압니다. 그런데 하필 본인이 잘되는 이유나 안 되는 이유는 명확하게 알지 못합니다.

3년차가 되면 자신의 데이터를 조금 다른 관점으로, 큰 그림에서 볼 수 있어야 합니다. 가장 먼저 플랫폼이 좋아하는 행동과 싫어하는 행동을 파악해야 합니다. 애인 사귈 때를 떠올려보면 이해하기 쉬울 겁니다. 연애 초반에는 상대방의 좋은 점만 눈에 들어오니 계산할 필요가 없습니다. 반면 잘 모르니 자주 싸우기도 합니다. 하지만 시간이 흐르면서 3년 정도 교제한 후에는 상대방이 무엇을 좋아하고 싫어하는지 시시콜콜 알게 됩니다. '넘지 말아야 할 선'이 무엇인지도 알게 됩니다. 그 선을 서로 지켜야 싸움이 나지 않습니다.

플랫폼에 잘 보여야 하는 이커머스 창업가 역시 마찬가지입니다. 이를테면 2대 8의 법칙도 그중 하나입니다. 플랫폼은 속성상 광고 같은 상업 콘텐츠, 의도가 보이는 콘텐츠만 올리는 것을 대단히 싫어합니다. 우리가 블로그나 페이스북에 매일 홍보성 게시물만 올리는 사람보다, 자신의 생각이나 일상을 올리는 사람을 더 좋아하는 것처럼요.

다음으로는 너무 빤한 말 같지만 성장 관점으로 과감하게 돌아서야 합니다. 3년쯤 일을 하고 나면 자연히 익숙한 것만 찾게 됩니다. 가령 광고도 키워드 광고만 하는 식이죠. 말 그대로 공부를 안 하는 겁니다.

하지만 온라인 광고와 채널의 패러다임은 하루가 다르게 달라집니다. 한때는 네이버 블로그와 지식인이 해답처럼 여겨졌지만 블로그의 품질을 따지기 시작하면서 노출의 메커니즘이 완전히 달라졌습니다. 이제 공장처럼 찍어내는 홍보성 블로그 게시글을 곧이곧대로 믿는 순진한 고객은 없을 겁니다. 페이스북은 어떤가요. 예전에는 타깃 설정만 잘하면 도달률이 무한대였는데 지금은 돈을 쓰지 않으면 유기도달률 0이 되어버립니다. 실제 해보면서 공부하지 않으면 이러한 변화에 금세 뒤처지게 됩니다. 전체 예산 중 10%를 테스트 예산으로 잡아놓고, 학습 비용으로 쓸 준비를 해야 합니다. 물론 쉽지 않겠습니다만, 가장 중요한 투자입니다.

마지막으로는 '전문가'가 되지 말라고 당부하고 싶습니다. 경영자나 창업가가 키워드 광고 전문가, 유튜브 광고 전문가가 되는 순간 더 중요한 것을 놓치게 됩니다.

3년이 지나면 과감하게 실무에서 손을 떼고 더 큰 그림을 그릴 수 있어야 합니다. 약을 짓는 업무가 아니라 처방을 해야 할 시점인 것이죠. 제품 기획이나 홍보 영역에서도 마찬가지입니다. 고객의 소리를 듣는 건 중요하지만, 페이스북 콘텐츠 하나를 만들겠다고 또는 제품을 개선하겠다고 경영자의 소중한 시간을 쓰는 건 미련한 짓입니다. 3년차쯤 됐으면 아마 누군가를 채용했을 겁니다. 그들을 전문가로 만드는 게 경영자가 해야 할 일입니다. 외부의 또 다른 전문가를 쫓아다닐 필요도 없다고 생각합니다. 우리가 파는 제품은 우리가 가장 잘 알지 않나요? 우리 제품에 관한 한, 회사의 누군가가 이미 최고의 전문가일 겁니다.

물론 정답은 없습니다. 하지만 이커머스 세상에서 성공하려면 물건을 잘 만드는 전문가보다 파는 흐름을 만드는 사람이 절대적으로 유리합니다. 3년은 그 흐름을 만들기에 충분한 시간입니다. 이제 그 이야기를 해보겠습니다.

1부

기초체력
키우기

3개월 만에
월 매출 5억 만들기 코칭

약 1년 전쯤, 어려움을 겪는 사업자들을 돕고 싶어서 페이스북으로 '이머커스 액셀레이터 프로그램'을 진행했다. 특별한 이유가 있어서가 아니라 그저 도움이 되고 싶다는 마음이 컸다. 의도는 단순했고 목표는 뚜렷했다. 3개월 만에 월 매출 5억을 만드는 것. 실제로는 시간이 조금 더 걸렸지만 결국 원하는 수치를 달성했다.

사업자 선정 조건은 두 가지였다. 월 매출 3000만 원 미만인 3년차 이상의 사업자일 것, 자사몰을 운영하고 있을 것. 의사결정권자가 직접 코칭을 받는 조건으로 프로그램을 공지했고,

30여 곳의 회사 창업팀을 일일이 만나 인터뷰를 진행했다.

이때 새삼 놀랐던 사실이 있다. 과거의 내가 했던, 20여 년 전 이커머스 세대가 했던 고민을 지금 그분들이 똑같이 하고 있었다는 것이다. 이커머스는 기본만 잘해도 절반의 성공은 거둘 수 있는데, 오래된 고민을 해결하지 못하니 잘하면서도 시행착오를 겪는 것 아닌가 싶었다. 컨설팅은 사업자의 정보를 공개하지 않는 것이 원칙이지만, 다른 사업자들을 위해서는 코칭 과정과 내용을 일부 공개하는 것도 좋겠다는 생각에 공개로 진행했다. 자칫하면 괜한 구설수가 생기거나 커리어에 흠집 날 수도 있다는 주위의 우려도 많았으나, 재능 있는 창업자와 가능성 있는 카테고리라면 좋은 결과가 나올 거라 믿었다.

첫 번째, 기초체력 갖추기

3개월 과정의 첫 단계는 기초체력을 갖추는 것이다. 3년 이상 사업을 하신 분들이니 기초체력이라는 말에 큰 비중을 두지 않을 수 있지만, 반드시 체력을 갖춰야 남들이 하는 수준만큼 지치지 않고 따라 할 수 있다. 게다가 체력은 한 번 좋아졌다고 해서 평생 가는 게 아니다. 매일 운동을 하고, 움직이고,

그러나 무리하지 않고 내게 필요한 영양소를 잘 챙겨야 체력이 유지된다. 마찬가지로 매출이 꾸준히 오르는 상황에서도 언제나 챙겨야 하는 것들이 이커머스의 기초체력이다. 그렇기에 가장 어려운 일이기도 하다. 업종에 따라 편차가 있겠지만 기초체력만 있어도 수억 매출을 올릴 수 있으며 꾸준한 성장을 넘볼 수 있다.

남들이 하는 수준만큼 따라 해야 한다는 말은, 모든 데이터가 업계 평균치 안으로 들어오는 것을 목표로 삼으라는 것이다. 업계 평균 구매전환율이 3%라면 평균 4% 정도로 목표를 설정하고, 구매전환을 만드는 소비자의 행동 데이터를 분석해 이탈률을 낮추도록 기획이나 상품 구성을 강화해야 한다. 모든 현상에는 원인이 있다. 그 원인을 찾아내 해결하고, '방문자 1000명 기준 구매전환율 3%'를 목표로 움직여 보자.

우리가 잘 파는 상품을 발견하면 데이터를 확인하고, 해당 제품군을 카테고리로 확장해가는 것이 일반적인 수순이다. 우선 다른 곳에도 있는 제품을 왜 여기서 구매해야 하는지 이유를 만드는 데 집중하자. 다른 경쟁사들이 다 하는 수준까지는 만든 후 그들이 하지 않는 것을 찾아내 서비스하는 것도 가능하다. 디테일을 다르게 서비스하는 것인데, 가령 회원가입을 알리는 메일을 보면 다들 "회원가입을 축하합니다"와 같은 틀에 박힌 메시지를 보내온다. 이때 남들과 비슷하게 쓸 것이 아니라, 고객의 감성을 건드리는 멘트를 보내는 것만으로도 기억에 남을 수 있다. 내가 좋아하는 어느 쇼핑몰은 입금확인이 되면 "덕분에 먹고 삽니다. 감사합니다"라는 문자를 보낸다. 사소한 것 같지만 디테일이 빛나는 서비스 멘트다.

이렇게 우리의 서비스와 상품을 명확하게 알리지 못한다면 초기에 큰 어려움을 겪게 된다. 다만 기초체력을 갖추는 단계에서는 이러한 운영 스킬도 중요하지만, 창업자의 생각과 고객이 원하는 것을 일치시키는 것이 우선이다. 이 단계를 거쳐야만 고객의 언어가 들리기 시작한다.

두 번째, 파는 흐름 만들기

두 번째는 고객과의 신뢰를 만들어가는 시기다. 기초체력을 다져가다 보면 자연스럽게 흐름을 활용할 수 있다. 고객이 우리 제품을 구매하는 이유를 명확하게 설명할 수 있으며, 자연스럽게 더 나은 서비스가 무언지 알아가고 개선할 수 있다. 또한 우리를 알지 못하는 새로운 고객을 꾸준히 우리에게로 데려올 수 있는 단계이기도 하다.

흐름에는 기념일과 같은 정해진 흐름이 있고 정해지지 않은 흐름도 있다. 정해진 흐름은 경쟁이 치열하지만 철저한 계획하에 움직이면 새로운 고객을 창출할 수 있다. 명절이나 화이트데이 등 굵직한 외부 흐름을 체크하며 1년 주기로 우리 사업에 맞게 계획을 짜두고 아이디어를 수집하고 그에 맞는 상품을 준비한다면, 신규 고객은 마르지 않고 꾸준히 우리를 찾아올 것이다.

정해지지 않은 흐름은 예상치 못한 수요, 즉 이슈다. 이때 중요한 것은 타이밍이다. 빠르게 움직이면 내 것으로 가져올 수 있다. 컨설팅을 진행한 어느 이커머스 업체는 '우한폐렴'에서 '코로나19'로 키워드가 바뀌자마자 네이버에 노출되는 상품명을 재빨리 변경해 가장 상단에 노출됨으로써 적은 비용으로 많은 방문자를 유입시켜 높은 매출을 만들어냈다.

데이터를 분석해 이러한 흐름을 알아채고 활용하는 능력도 중요하지만, 흐름을 내 기회로 만들려면 그 전에 체력이 뒷받침되어야 한다. 아무리 좋은 이슈를 공략해 많은 방문자가 찾아와도 준비되지 않은 상태에서는 고객이 금방 빠져나가 버린다. 체력과 흐름을 둘 다 갖춘 상태라면 어디에 광고를 내보내도 통할 수 있다. 대부분의 고객이 첫 방문 고객이었던 과거와 달리 이제는 재방문 고객이 더 많아지기 때문이다. 바야흐로 제대로 된 장사를 하는 단계이자 고객, 즉 사람을 남기는 시기다.

흐름을 활용할 줄 알았다면 지속시킬 줄도 알아야 한다. 단골이 만들어지지 않고 광고를 보고 들어온 신규고객만 여전히 많다면 매출이 아무리 늘어도 문제가 아닐 수 없다. 신규고객을 계속 불러와서 매출은 오르고 덩치는 커졌는데 정작 재방문자가 늘지 않으면 어떤 일이 벌어질까? 광고비는 계속 증가하고, 기존 고객은 우리 제품과 서비스에 질릴 수 있다. 결국 성장이 정체되고 하락세로 돌아서게 된다.

도약이 필요한 이때, 상품은 문제가 없어야 하고 고객의 소리에 더 귀 기울여야 한다. 기초체력과 흐름 활용이라는 두 단계에 누수가 없도록 우리만의 운영 매뉴얼을 만들면 큰 도움이 된다. 고객을 불러오는 모객 시스템을 사내에 정착하는 것이다.

그러나 현실에서는 매출이 오르고 있으니 많은 창업자들이 이제 사업 좀 되나 보다 하며 방심하곤 하는데, 높이 올랐을 때 바람은 더 매서운 법이다. 이 시기를 극복하지 못한다면 잠깐 유행했다 사라지는 브랜드가 된다.

세 번째, 흐름을 타고 나아가기

지금까지 잘해왔다면 어느 정도 브랜드에 대한 신뢰가 쌓였다고 보아도 좋다. 믿음직스러운 브랜드가 이제는 영향력으로 발현돼 많은 경쟁사와 고객들이 우리를 알아 볼 것이다. 영향력이 커진 만큼 이벤트를 하면 실시간 검색어에 오를 확률이 높고, 우리가 만드는 것은 대체로 유행이 된다.

위대한 브랜드를 이어갈 수 있도록, 우리의 고객을 팬으로 만드는 활동을 견인하는 것이 창업자의 역할이다. 흔히 브랜드는 종교와 같다고들 말한다. 종교는 교주, 교리, 교단으로 구성된다. 교주가 교리를 만들고 그 교리를 교단이 따르는 형태다. 우리 브랜드 또한 우리의 가치관(신념), 우리의 정체성, 우리의 핵심가치를 더욱더 뾰족하게 만든 후 확고하게 밀고 나가야 한다. 특히 요즘처럼 브랜드의 철학이 소비자를 팬으로 만드는 시대라면? 기업도 국가도 부침을 겪는데 종교의 영향력은 오히려 강해지는 현실을 감안한다면? 그럴수록 창업자의 신념을 사람들에게 알리고 끌어들이는 노력이 필요하다. 고객을 팬으로 만드는 것이다.

축의금을 두 번 내줄 사람이
얼마나 있을까?

"내가 돈만 있으면 진짜 잘될 사업을 아는데…."

아이디어는 많은데 자금이 없다는 말이 예전에는 통했을지 몰라도, 지금은 아니다. 완성도 있는 제품이나 기발한 아이디어를 가진 창작자들은 와디즈나 텀블벅 등의 온라인 플랫폼을 통해 투자자를 찾는다. 크라우드 펀딩이다.

'돈줄'의 숨통을 틔워준다는 점에서, 또 어느 정도 판매가 보장된다는 점에서 크라우드 펀딩은 사업자에게 만능으로 여겨지기도 한다. 그러나 크라우드 펀딩에도 함정은 있다. 크라우드 펀딩은 단언컨대 메이커의 힘으로 유지되는데, 고객은 정작 메이커에게 샀다고 기억하기보다는 '어느 플랫폼'에서 샀는지를 이야기한다. 즉 우리 브랜드가 고객에게 인지되지 않는다는 것과 한정된 기간 내에 서둘러 준비해야 하는 것, 지속적으로 판매할 수 없다는 난점이 있다. 가령 와디즈에서 한 치례 대박을 냈다고 해서 언제까지나 그곳에서만 제품을 판매할 수는 없다. 향후 지속적으로 판매할 채널을 확보하지 못하면 큰 어려움을 겪기 십상이다.

예전에 종교에 대한 갈증을 해소하고 싶어 여러 종교를 접하고 공부한 적이 있다. 그러면서 종교와 네트워크 마케팅의 구조와 시스템이 묘하게 닮아 있다고 느꼈다. 종교에서는 구원받을 수 있다는 정보를, 네트워크 마케팅에서는 큰돈 벌 수 있다는 정보를 주변에 알린다. 그것도 가장 소중한 사람들에게 가장 먼저 알린다. 속성이 전혀 다른 네트워크 마케팅과 종교가 꾸준히 명맥을 유지하는 비결이다.

크라우드 펀딩 역시 자세히 뜯어보면 이와 다르지 않다. 펀딩을 오픈하면 메이커들이 가장 먼저 하는 일이 무엇인가? 스마트폰 연락처를 뒤져 지인들에게 상세페이지 링크를 보내는 것이다. 플랫폼 입장에서 생각해보라. 메이커들을 모집하면 자연스럽게 고객이 모이는 구조, 즉 스스로 성장하는 모객 시스템을 확보하는 셈이다. 메이커가 (심지어) 무료로 지인 찬스를 써서 광고를 해주니 플랫폼은 많은 메이커가 펀딩을 오픈할수록 이득을 얻는다.

물론 크라우드 펀딩을 통해 첫 번째 사업자금을 확보하는 메이커 입장에서도 플랫폼은 소중하고 반갑다. 그러나 크라우드 펀딩 플랫폼을 통해 사업을 시작하는 것은 쉽게 말해 남의 가게에서 개업식을 하는 것과 같다. 우리 가게가 아니라 남의 공간을 잠시 빌리는 것이다. 그러니 남의 가게에서 장사하는 데 익숙해져 안주해서는 안 된다. 크라우드 펀딩은 사업 모델이 아니라, 재투자를 위한 자금 확보 방안으로 여겨야 한다. 사업 초기에 도움을 받는 하나의 채널 혹은 판매력을 검증할 수 있는 오디션 무대로 보고 접근하는 것도 올바른 방향이다.

이런 맥락에서 나는 크라우드 펀딩을 결혼식에 비유하기도 한다. 결혼하는 신랑신부는 당연히 기쁜 마음으로 사람들에게 소식을 알리고 청첩장을 보낸다. 주위 사람들도 마음으로 축하하고 결혼식에 참석한다. 그런데 결혼식을 여러 번 한다면 어떨까? 일단 하객이 줄어드는 건 확실하다. 크라우드 펀딩도 마찬가지다. 처음 한 번이야 지인이 하는 사업이니 관심을 가져줄지 몰라도 그다음에도 처음만큼 관심을 줄까? 결코 그렇지 않다. 흔히 말하는 오픈빨, 지인 찬스를 쓸 기회는 오직 한 번이라 생각하자.

따라서 크라우드 펀딩으로 사업을 시작할 때에는 정식 쇼핑몰을 오픈할 때 쓸 카드를 미리 당겨 쓴다는 마음으로 신중을 기해야 한다.

심사숙고해서 지인 카드를 쓰기로 결심했다면, 결혼식 하객을 대하는 마음으로, 또는 개업식에 와줄 손님을 대하는 마음으로 전화를 걸고 진정성 있게 편지를 보내야 한다.

이때 판매도 판매이지만, 피드백을 받겠다는 자세가 중요하다. 어떠한 마음과 어떠한 열정으로 준비했으니 냉정한 평가를 기다리겠다고 요청한 후 겸허하게 피드백을 받자. 평소 친하게 지내는 사이라 해서 필요하지 않은 것까지 사주지는 않으니, 반응이 없다고 인간관계 자체에 실망하지도 말자.

다음은 내가 남성의류 쇼핑몰에서 일할 당시 실제 동네 친구, 동창, 친척, 부모님, 군대 선임과 후임 할 것 없이 문자를 보내고 전화를 돌리면서 받은 피드백의 일부다. 크라우드 펀딩을 한 것은 아니지만, 고객의 리얼한 평가를 통해 개선점을 찾을 수 있었다.

1. 옷 사이즈가 다양하지 않아서 살 게 없다.

    : 기본 스타일 제품들은 사이즈 선택 폭이 넓은 제품을 가져왔다. 1년 내내 팔린다.

2. 출근할 때 입을 만한 옷이 없다.

    : 고객이 어느 용도로 입을지 생각하며 사입했다.

3. 상품과 카테고리가 영문이라 어렵다.

    : 나이 많은 어르신도 어렵지 않게 구매할 수 있도록 복잡하지 않고 보기 쉽게 디자인을 보완했다.

4. 기타 오탈자 및 메뉴 오류, 결제오류 등.

    : 지속적으로 연락을 주고받으며 할인 및 사은품을 챙겨주었다.

지인들은 쇼핑몰 개선뿐 아니라 내게도 큰 힘이 되었다. 진심 어린 피드백은 물론이고, 구매해준 덕분에 큰 매출은 아니지만 몇 달은 버틸 수 있었다. 창업 후 매출이 없을 때 이보다 큰 힘은 없다. 더욱이 지인들이 원하는 제품은 대중에게도 잘 팔렸다. 우리의 외부 MD가 되어준 것이다.

물론 그만큼 나도 지인들에게 정성을 다했다. 티셔츠 한 장도 직접 전화를 걸어 응대하며 접객에 정성을 다했다. 그 정성에 몇 장씩 더 사주는 경우도 있었다. 그들은 나를 믿고 제품을 구매했고, 나를 믿고 자기 지인을 추천해주었다. 그러니 나를 믿는 지인들에게 정말 좋은 옷을 팔아야 했다. 그럼으로써 엄마 친구의 아들, 동생의 친구 등등 지인의 시인에게 바이럴이 일어났다.

지인에게 받은 피드백을 토대로 결점을 개선했다면 이제 세상 밖으로 나갈 차례다. 여기서 가장 중요한 것! 유료광고를 통해 구매가 일어나도 지금까지 설명한 과정을 똑같이 반복해야 한다는 것이다. 내 지인들과 가족에게 했던 것처럼 모든 고객에게 정성을 다해야 한다. 이것이 내가 생각하는 손님 맞을 준비다.

상점이 될 것인가,
장터가 될 것인가?

온라인에서 제품은 눈에 보이지 않으면 끝이다. 모바일과 PC의 화면은 한정돼 있고, 노출을 원하는 제품은 수도 없이 많다. 창업자는 우리 제품을 일주일, 한 달, 1년 내내 고객에게 영리하게 노출하는 방법을 고민해야 한다. 이때 가장 먼저 해야 할 일이 내가 브랜드(상점)인지 플랫폼(장터)인지를 정확하게 구분하는 것이다.

홍대 등의 대학가에 가면 휴대폰 줄이나 헤어밴드 등 유행하는 액세서리를 파는 상인들을 흔히 볼 수 있다. 예전에는 그런 노점이 몇 배는 더 많았는데 요즘에는 네이버 스마트스토어 등이 그 자리를 대신하는 분위기다. 여대 앞에서는 여대생들에게 인기 있는 아이템이 잘 팔리고 명동처럼 외국인이나 여행객이 주로 방문하는 관광지에서는 대개 카피 명품백이나 선글라스, 양말 등을 파는 상인들이 보인다.

특정 상권에 노점들이 늘어선 거리를 일종의 플랫폼이라 한다면, 그 상인들은 플랫폼의 덕을 보는 셈이다. 떡볶이 골목, 족발 골목, 국밥 골목처럼 특정 음식을 파는 골목 역시 플랫폼 역할을 한다. 신당동 떡볶이타운에 있는 가게들이 잘되는 이유는 떡볶이가 맛있기 때문이기도 하겠지만, 일단 손님들이 떡볶이타운의 소문을 듣고 떡볶이를 먹으러 오기 때문이다. 플랫폼의 힘이다.

이는 온라인에서도 다르지 않다. 앞에서 말한 것처럼 요즘은 와디즈 등의 크라우드 펀딩이 워낙 잘되어 있어, 제품에 자신 있으면 온라인에서 불특정 다수를 대상으로 자금을 모아 선주문을 받은 후에 자기 브랜드를 갖고 시장에 데뷔하는 창업자들이 적지 않다.

덕분에 진입장벽이 낮아져 창업자들이 늘어나고 다양한 제품을 접할 수 있다는 점에서는 긍정적이지만, 이커머스에 몸담고 있는 사람의 입장에서 보면 주의해야 할 점도 있다. 크라우드 펀딩의 성공에는 제품력이 아닌 플랫폼의 힘이 압도적으로 크기에, 펀딩 결과는 그 자체로 성공이 아니라 하나의 과정으로 바라봐야 한다. 자금을 많이 모았다고 해도 일회성으로 팔고 그만둘 게 아니라면 추후 안정적으로 판매할 판매처를 확보해야 한다. 판매처를 확보하지 못하면 당연히 안정적인 매출을 올릴 수 없으니 펀딩으로 얻은 비용을 금세 소진하게 된다. 꾸준한 매출이 일어나지 않으면 인원을 고용할 수도 없으므로 계속해서 내가 몸으로 때워야 한다. 아무리 열정 넘치는 창업자라 해도 만만히 볼 일은 아니다.

오프라인 팝업스토어에서 성공했다고 브랜드의 성공을 담보하기 어려운 것처럼, 플랫폼의 힘에 기댄 성공은 제대로 된 성장이라 단언할 수 없기에 나는 크라우드 펀딩으로 순간적인 매출의 재미를 맛본 분들에게 하루하루 성장하는 방향으로 나아가길 강하게 권해드린다. 그러려면 우선 기준을 세워야 하는데, 그 전제조건이 내가 말하는 상점과 장터의 논리다. 자금, 시간 어느 것 하나 여력이 없는 상황에서는 애매하게 고민하기보다 우선 내가 물건을 파는 상점이 될지 플랫폼 역할을 하는 장터가 될지부터 정해야 한다. 그래야 그다음 전략을 세울 수 있다.

상점이 내가 파는 상품이자 브랜드라면, 장터는 상점이 물건을 팔 수 있는 마켓이다. 옥션이나 지마켓, 쿠팡 등은 당연히 장터에 해당한다. 상점은 특별해야 하고 장터는 다양해야 한다. 학교, 학원, 과외로 비유해보자. 학원은 학교보다 특별하고, 과외는 학원보다 더 소수에게 더 특별한 서비스를 제공한다. 반면 학교는 특별한 느낌보다는 일반적인 서비스가 필요한 플랫폼에 가깝다.

상점에는 장인정신이 필요하다면, 장터는 좋은 상점을 고르는 안목으로 운영된다. 학교처럼 평준화된 가이드와 규율도 더 촘촘하게 갖춰야 한다.

이처럼 단일 상품 또는 적은 상품군을 파는 이커머스와 플랫폼 속성을 띤 이커머스는 모든 전략이 달라야 한다. 샤워필터처럼 단일 아이템을 파는 이커머스라면 하나의 상점으로 접근해야 하는데, 자기 브랜드만으로 쿠팡 같은 플랫폼을 만들고 싶어 하는 분들이 의외로 많다. 일반 제품으로 플랫폼을 만들려면 대단히 특별해야 하는데 그런 제품은 극히 드물다. 유행하는 단일 아이템으로 운 좋게 수십억을 벌 수는 있을지 몰라도 지속성이 없다. 광고로 유입된 고객은 잠깐 스쳐 지나갈 뿐이므로 계속 광고를 하지 않으면 매출이 쭉쭉 빠진다.

자기 아이템을 가지고 이커머스 창업을 하는 분들은 대부분 마켓보다는 상점이 적합할 것이다. 그렇다면 우리 상점을 완성도 있게 만들어가는 전략을 생각해야 한다. 대부분의 이커머스가 초기에 자체 상점을 만들지 않고 플랫폼에서 판매하는 이유는 사람을 끌어들이는 모객 역량이 부족하기 때문이다. 한마디로 매출을 올리고 싶어서 플랫폼으로 가는 것인데, 그렇다고 플랫폼에서 극단적으로 세일을 하면 브랜드 가치가 훼손되어 버린다. 브랜드가 우리의 가치를 더하는 존재라면, 플랫폼은 전적으로 파는 역할이다.

처음에는 플랫폼의 이점에 주목해 입점했다 해도 언제까지나 남의 장터(플랫폼)에서만 우리 상점(브랜드)의 물건을 팔 수는 없으니, 성장의 관점에서 장기적 계획을 세워야 한다. 바이럴 설계, 랜딩페이지 설계, 상세페이지, 리뷰, 광고 콘텐츠까지 완성되면 물건을 직접 팔아도 좋다. 네이버 등에 광고를 직접 할 만큼 역량을 키우면 더욱더 좋다.

다만 아무리 광고를 잘해도 우리 힘만으로 제품을 팔 수는 없기에 플랫폼과의 포트폴리오 전략을 정교하게 세워야 한다. 예컨대 우리 제품을 자사몰과 편의점, 쿠팡에서 팔고 있다면 광고비와 원가가 30%를 넘지 않도록 포트폴리오를 쪼개는 것이다.

아주 맛있는 단팥빵을 만들어 잘나가는 플랫폼에 입점했다 치자. 히트상품은 되었지만 플랫폼에 내는 수수료가 아깝다. 그래서 직접 팔겠다는 전략으로 자사몰에 집중해보려 하는데, 막상 플랫폼에서 발생하는 매출을 보면 제품을 쉽사리 뺄 수 없다. 실제로 플랫폼에서 취할 수 있는 마진은 적지만 안정적인 매출이 보장되기에 회사의 운영 자금을 플랫폼 매출로 해결하는 업체들이 많다.

이처럼 플랫폼과 자사몰의 장단점은 뚜렷하다. 플랫폼은 수수료를 많이 지불하는 대신 노출과 모객이 잘되고, 자사몰은 광고비를 써야 하지만 수수료를 내지 않아도 된다. 그렇다면 플랫폼으로 제품을 알리고 판매는 자사몰에서 하면 되지 않겠냐고 할지도 모르겠다. 똑같은 제품을 자사몰에서 20~30% 더 싸게 파는 식으로 말이다. 실제로 이렇게 하면 어떤 일이 일어날까? 플랫폼 MD들은 우리 제품을 결코 좋은 자리에 노출해주지 않을 것이다.

플랫폼에서 중요한 건 입점이 아니라 '노출'이다. 노출되지 않으면 플랫폼에 들어가는 의미가 없다는 각오 아래 협상에 나서야 한다.

협상의 기본 전략은 상대방에게 거절할 수 없는 제안을 하는 것이다. 우리 제품을 파는 모든 채널과 어떤 협상을 할 수 있는가? 20% 세일이라는 가격 할인도 좋고, 일주일 중 사흘간 세일할 수 있도록 기간을 옵션으로 주어도 좋다. A, B, C라는 3개의 플랫폼과 자사몰에서 동일한 제품을 판매한다면, 어느 정도 할인율을 어떤 순서로 적용해 판매할지 정해서 옵션으로 제안하는 것이다. 그러면 고객도 손해 보지 않고 잘 샀다는 느낌을 받을 수 있다.

커뮤니티를 알면
이커머스는 알아서 큰다

아이 셋을 키우다 보면 놀랄 일이 하루에도 여러 번 생긴다. 말 그대로 하루가 다르게 쑥쑥 크는 모습에 놀라고, 때로는 나보다 훨씬 현명하고 어른스러운 데 놀라고, 육아가 이렇게도 힘든 일이었나 하면서 새삼 놀란다. 아이는 너무도 사랑스럽고 예쁘지만 아이 키우는 일은 또 다른 차원의 어려움이라는 사실이 몸으로 와 닿는다.

아빠가 되어보니 예전에 어른들이 해주셨던 말들이 생각날 때가 있는데, 그중 하나가 '아이들은 놔두면 알아서 크니까 너무 아등바등하지 말라'는 조언이다.

놀라운 것은 나 또한 이커머스를 운영하는 분들에게 비슷한 당부를 하고 있다는 사실이다.

"자연히 크는 구조를 만드셔야 합니다. 자연발생적으로, 알아서 크는 게 중요해요."

잘나가는 카페나 커뮤니티는 운영자가 굳이 개입하지 않아도 유저들이 알아서 콘텐츠를 만들고 정보를 주고받으며 소통한다. 가령 게임을 좋아하는 사람들이 모인 카페에서 유저들이 특정 게임에 대한 질문이나 견해를 올리면, 그 게임의 개발자나 마케터가 아니라 게임을 좋아하고 즐기는 사람들이 와서 자유롭게 댓글을 달고 토론을 하면서 카페가 활성화된다. 이것이 바로 '자연스럽게 크는 구조'다.

인스타그램 등 SNS에서 잘나가는 이커머스 인플루언서들을 들여다봐도 비슷한 모습이 보인다. 누군가 게시물 아래 질문을 달면 사장인 인플루언서가 답을 하기도 하지만, 대개는 인플루언서와 그 브랜드를 아끼는 팬들이 대신 댓글로 답을 단다. 이게 바로 커뮤니티의 구조이자 속성이며, 상업적인 이커머스일수록 이러한 커뮤니티 DNA를 반드시 알고 잘 활용해야 한다.

커뮤니티의 속성은 상세페이지에서도 발현된다. 내가 옷을 사러 자주 가는 쇼핑몰에 "제 키는 179cm이고 몸무게는 75kg

입니다. A코트 L 사이즈를 입으면 잘 맞을까요?"라는 비밀글로 질문을 올리면 쇼핑몰에서도 비밀글로 답변을 달아준다. 이 게시글을 오픈하면 나와 사이즈가 똑같은 사람들에게도 도움이 되고, 사이즈가 애매한 사람들에게도 도움이 된다. 옷을 살까 말까 할 때 다른 사람의 리뷰를 보고 사는 것처럼, 유저의 질문이 유의미한 콘텐츠로 작용하는 셈이다. 답변을 다는 것도 에너지가 들어가는 일인데, 고객들이 참고할 만한 질의응답 하나만 있어도 관련 업무가 줄어들고 전화도 덜 오게 된다.

앞에서 이커머스 일을 해보고 싶다면 평소 중고거래를 많이 해보라고 했던 것 기억하시는가? 이커머스의 운영방식을 몸으로 익히기 전에 커뮤니티의 속성을 익히는 용도로도 중고거래는 쓸모가 있다. 나는 이를 '작게 시작하라'는 말로 표현하는데, 간혹 이 의미를 잘못 받아들이는 분들이 있다. 무조건 작은 사이즈로 출발하라는 것이 아니라, 성공한 이커머스일수록 커뮤니티에서 출발한 사례가 많다는 의미다. 페이스북, 유튜브, 당근마켓, 중고나라… 잘되는 곳일수록 운영자가 일일이 콘텐츠를 만들어 올리는 곳은 없다. 운영자는 가이드와 룰만 정할 뿐 유저들이 올리는 콘텐츠로 돌아가는 이커머스가 오래

가는 것은 일종의 공식과도 같다.

특히 고객의 재방문율을 높이려면 고객들의 특성이 또렷하게 드러나는 콘텐츠, 고객이 직접 참여하는 콘텐츠가 꾸준히 올라와야 하는데, 생각 외로 이 부분을 놓치는 분들이 적지 않다. 고객이 올리는 게시글이 많아지고 자주 노출될수록 이에 대응하는 CS직원의 업무가 늘어난다는 우려 때문일 것이다. 하지만 겉으로는 일이 많아 보여도 실보다 득이 더 큰 것이 커뮤니티다.

또한 커뮤니티는 작은 플랫폼인 만큼 유저들을 유심히 보고 있으면 사람들의 속성을 파악하기 훨씬 수월하고 온라인의 생리도 빨리 익힐 수 있다. 잘되는 이커머스의 승부처는 사람들이 원하는 것을 얼마나 잘 알아채느냐에 있다. 농담 반 진담 반으로 연애를 많이 해본 사람이 장사도 잘한다고 하는데, 내가 보기에 틀린 말이 아니다. 상대방이 무얼 원하는지 잘 알고, 고객의 감정이나 충동까지도 판매의 힌트로 알뜰하게 활용한다.

잘나가는 이커머스 인플루언서들의 히스토리를 따라가 보면 다음 카페, 패션 커뮤니티, 인스타그램, 파워블로거 등으로 작게 시작해 팔로워들과 교감하고 소통하며 그들이 원하는 화장품이나 옷을 판매하다가 규모가 커져서 자사몰을 오픈하는 코스를 밟는다. 처음부터 이커머스를 오픈하는 사람들이 1~2년을 꾸역꾸역 버티는 것과 전혀 다른 양상이다. 시작하는 순간부터 지지와 응원을 받으니 출발짐도 다를뿐디리 (펜인) 유저들이 주인을 대신해 제품을 설명하거나, 문제가 있을 때 옹호하는 글을 올리기도 한다.

커뮤니티 DNA를 이해하면 지금 무엇이 유행하는지 알 수도 있다. 속된 말로 '이게 난리가 났구나' 싶은 것들을 추적해보면 카페나 아주 작은 커뮤니티의 게시물들이 밈의 원천으로 작용한 경우가 의외로 많다. 손톱만 한 크기의 썸네일 이미지와 몇 줄 넣지 못하는 온라인 광고 콘텐츠에 이러한 '밈'을 활용해보면 기대를 뛰어넘는 클릭 수를 유도할 수도 있다.

이처럼 커뮤니티 콘텐츠 자체가 밈이 되어 터지기도 하지만, 더 중요한 것은 사람들이 지금 무엇을 좋아하고 싫어하는지 알게 된다는 점이다. 내 경험상 제품에 문제가 있어서 문을 닫는 이커머스는 극히 드물지만, 사건이 터졌을 때 대응을 잘못하면 망할 수 있다. 이상한 대응으로 이커머스가 공격받고 회사가 문을 닫는 상황까지 치닫는 것은 십중팔구 커뮤니티의 DNA를 이해하고 있지 못하기 때문이다.

오프라인 매장은 손님과 주인이 직접 얼굴을 마주하기에 누구나 접객이 중요한 줄 안다. 그러나 손님의 얼굴이 보이지 않는 온라인일수록 고객 응대는 더 중요하다. 얼굴이 보이지 않기에 오히려 접객을 외면했다가는 큰일난다.

과거 오프라인 세상에서는 실무자들이 강연을 들으러 학습 모임에 나가고, 회장님들이 조찬 모임에 나가서 사람을 만나고, 임원들이 종이 신문을 읽었다. 그러면서 세상 돌아가는 걸 알고 사람들의 생각을 읽었다. 이커머스를 운영하려면 인터넷 세상에 살고 있어야 한다. 얼굴을 마주하지 않는 이커머스 세상에서 살아남고 싶으면 커뮤니티에 가서 사람들이 무얼 하는지 '눈팅'이라도 해야 한다. 유저들이 알아서 올리는 게시글과 그들만의 커뮤니케이션은 이커머스 창업자에게 뉴스레터이자 트렌드이며 터지는 조회수의 비밀이다.

플랫폼이 좋아하는 일을 하면
해결된다

이커머스 전쟁의 메인 격전지는 플랫폼이다. 문제는 플랫폼도 변하고, 플랫폼의 규칙도 변한다는 사실이다. 야후에서 다음 카페로, 네이버 지식인으로 그리고 블로그로, 플랫폼의 흐름은 계속해서 변해왔고 변하고 있다. 지금은 카카오와 페이스북, 인스타그램이 새로운 시장을 형성하고 시장을 키우는 것처럼.

한계 매출을 돌파해야 하는 이머커스 업체는 언제나 새로운 플랫폼에 갈증을 느낀다. 새 플랫폼에 빠르게 진입하면 초기의 결실을 상당 부분 가져올 수도 있다. 허니버터칩과 스베누의 기적이 가능했던 건, 초기 페이스북이 페이지 도달률을 어마어마하게 몰아줬기 때문이다. 페이스북이 유료광고 상품을 출시한 지 수년이 지난 지금, 페이스북에서는 더 이상 기적이 일어나지 않는다. 페이스북이 유기도달률 0을 목표로 움직이기 시작했기 때문이다. 한마디로 광고 잘하는 사람과 콘텐츠 잘 만드는 사람이 돈도 잘 써야 돈을 버는 곳이 이커머스이자 플랫폼이다.

　#상위등록 #인플루언서 #콘텐츠생산 #어뷰징 #노가다광고 #파레토법칙…

　플랫폼에서 활동할 때 기억해야 할 속성과 행동들을 해시태그로 정리한 것이다. 이커머스의 성패가 판가름 나는 전장이 플랫폼이라 했다. 제품을 자사몰에서만 판매할 수도 있지만 그런 업체는 거의 없다고 봐도 좋다. 이커머스에서 플랫폼을 통하지 않은 판매란 불가능에 가깝다. 이를 거꾸로 생각하면, 플랫폼의 속성을 이해하고 대응하면 적어도 망할 일은 없다는 뜻이기도 하다.

　가장 먼저 이해해야 할 플랫폼의 속성은 '사용자를 가둔다'는 것이다. 네이버, 페이스북, 유튜브 등 모든 플랫폼이 사용자가 떠나가지 않도록, 되도록 오래 머물도록 묶어두는 데 총력을 기울인다. 애플 앱스토어나 구글 플레이스토어가 대표적인 예다. 그런 곳에서 무언가를 결제하려면 인앱결제, 즉 스마트폰 앱 안에서 결제해야 한다. 다른 브라우저로 접근해서는 결제를 못한다. 사용자가 불편해하는 줄 알면서도 인앱결제를 유도하는 이유는 우리 플랫폼에서 이탈하는 것을 방지하기 위해서다. 사용자가 모든 서비스를 플랫폼 내부에서 이용하도록 만드는 것이다.

이러한 플랫폼의 속성을 이해하면 플랫폼이 좋아하는 행동과 싫어하는 행동이 뚜렷하게 보이기 시작한다.

십수 년 동안 수많은 플랫폼이 생겨나고 사라지는 과정을 보니 플랫폼이 좋아하는 행동을 두 가지로 정리할 수 있었다. 바로 경쟁 플랫폼에서 유입되는 것과, 사용자 스스로 콘텐츠를 생산하는 것이다. 가장 싫어하는 행동은 당연히 경쟁사로 빠져나가는 것이다. 페이스북에 유튜브 아웃링크를 건 게시물을 올리면 현저하게 도달률이 떨어지는 것은 이런 이유에서다. 반대로 유튜브 쪽에서는 페이스북을 통해 유입되었으니 반가워하며 그 보상으로 더 좋은 위치에 해당 콘텐츠를 노출해준다. 이것이 흔히 말하는 '상위등록'에 쓰는 방법 중 하나로, 상황에 따른 변수는 추가될지 몰라도 본질은 달라지지 않는다.

또한 플랫폼은 사용자가 콘텐츠를 생산하지 않으면서 홍보 활동만 하는 것도 매우 싫어한다. 페이스북에서 누가 시키지 않아도 스스로 '좋아요'를 누르는 포스팅은 유익한 정보나 누군가의 흥미로운 일상을 담은 것들이다. 의도가 뻔히 보이는 홍보성 게시물이나 기사를 반길 사람은 없다. 그런 포스팅만 매일같이 올리는 사용자를 반길 사람도 없다. 당연히 페이스북도 그러한 사용자를 반기지 않는다.

더욱이 페이스북이나 인스타그램, 유튜브, 네이버는 자체적으로 콘텐츠를 만들지 않고 사용자들이 스스로 생산하는 콘텐츠로 운영되는 구조다. 그런데 사용자들이 광고 게시물만 만들어낸다면? 사람들은 자연발생적인 콘텐츠가 아닌 상업성 광고로 넘쳐나는 플랫폼을 떠날 것이고, 플랫폼도 망가질 것이다.

지금이야 하지 않는 일이지만 2000년대 중반에 '노가다 광고'라는 게 유행처럼 번진 적이 있었다. 지식인이나 네이버 블로그, 다음 카페와 같은 커뮤니티에 자기 제품을 알리기 위해 후기나 질문 등으로 홍보성 글을 남기는 작업인데, 다른 사람들의 신고를 받거나 카페 운영자에게 상업성 게시물인 게 발각

되면 즉시 아이디 정지를 당했다. 물론 홍보 효과는 확실했다. 콘텐츠를 보러 들어오는 사용자들에게 우리 제품이 자연스럽게 콘텐츠로 노출되었으니까. 심지어 광고비를 쓰지 않아도 사람들에게 인식되는 셈이니 '노가다'여도 하지 않을 이유가 없었다.

나 역시 네이버 지식인에서 '남자옷'이라는 키워드를 갖고 싶어서 노가다 광고를 한 적이 있다. 특정 아이디로 접속해 내가 원하는 키워드로 질문을 검색한 후 우리 쇼핑몰의 링크를 답변으로 달거나, 딴에는 성실하게 답변하며 쇼핑몰 유입을 유도하는 식이었다. 어느 쪽이든 지식인 서비스 안에서는 도배로 간주돼 아이디가 정지된다. 나 또한 몇 번이나 아이디를 정지당하곤 했다. 결국 온 가족과 지인들의 아이디까지 모두 끌어다 쓰고 또 정지될 즈음, 누군가가 결코 정지되지 않는 방법을 알려주었다.

비결은 무척 단순했다. 콘텐츠 8할, 광고 2할. 즉 광고만 하지 말고 스스로 콘텐츠를 80% 정도 생산하면 잘리지 않는다는 것이다.

그 이야기를 듣고 난 후 바로 취업 상담부터 쇼핑몰 운영 상담, 코디 상담까지 자발적으로 다양한 주제의 콘텐츠를 쓰기 시작했다. 내가 하고 싶은 말 20%를 하기 위해 상대의 이야기를 80% 들어주는 것과 같았다. 그렇게 하면서부터 내 아이디는 오래도록 정지당하지 않고 살아남았다. 나중에 경영 관련 책들을 읽으면서 내가 했던 행동이 마치 '파레토의 법칙'과 비슷하다는 생각을 했다. 파레토의 법칙은 20%에 노력을 집중해 효율적인 경영을 할 수 있게 해준다는 점이 포인트다.

플랫폼을 장악하는 것은 무척 중요하다. 인플루언서나 파워 블로거가 제도권의 직업만큼, 아니 그 이상의 파워를 갖는 데는 다 그만 한 이유가 있다. 플랫폼에서 채널 하나를 갖고 있다는 것은 모바일 세상의 이커머스 창업자에게 대단한 권력이자 마케팅 파워다. 그러기 위해서는 플랫폼과 친해지려는 노력을 멈추지 않아야 한다.

플랫폼을 고객을 불러오는 땅이라 생각해보자. 땅을 일구지도 않고 비료를 사다 뿌리지도 않으면서 고객만 수확할 수 있을까? 편법, 즉 옳지 않은 방법을 쓰면 무언가를 신속하게 이룰 수 있을 것 같지만, 자칫 일을 제대로 펼쳐보지도 못하고 유행처럼 사라지기 십상이다. 상위노출을 담보해줄 것 같던 노가다 광고가 철 지난 유행으로 사라지고 만 것처럼.

누군가와 가까워지고자 할 때 상대방이 좋아하는 행동을 백 번 하는 것보다 중요한 것은, 상대가 싫어하는 행동을 한 번이라도 하지 않는 것이다. 플랫폼에서 잘 팔고 싶다면, 플랫폼과 진해진다는 마음으로 플랫폼이 무엇을 좋아하는지 살피는 게 먼저다. 그렇게 되면 설령 플랫폼 정책에 변화가 생겨도 당황하거나 짜증내지 않고 플랫폼을 알아가는 재미로 받아들일 수 있을 것이다. 빠르게 무언가를 얻으려 하기보다 플랫폼이 좋아하는 행동으로 규칙을 지키며 더디더라도 바르게 성장해야 한다. 도덕 교과서 같은 이야기지만 그것이 가장 빠른 길이다.

카테고리,
쉽게 생각하면 큰코다친다

이번에는 카테고리 이야기를 해보자.

적어도 내가 속한 카테고리는 정확하게 알아야 한다. 그래야 여기서 내가 어느 정도 위치인지 알 수 있기 때문이다. 나를 알고 적을 알면 백전백승이라는 말은 너무 구태의연하고, 카테고리를 알라는 말은 너무 당연하게 들린다. 하지만 실제 사업을 해보면 적보다 나를 아는 게 더 어렵다. 카테고리는 내가 사막에 있는지 바다에 있는지 숲에 있는지를 아는 것이다. 우리 매장이 속한 상권이 동네 주민들 대상인지 직장인 대상인지, 점심에 팔리는지 저녁에 팔리는지 모르고 장사한다면 운이 정말 좋지 않은 다음에야 필패할 뿐이다. 더군다나 전국구로 경쟁하는 이커머스는 특정 상권이란 개념도 없다. 오직 카테고리가 있을 뿐이다.

카테고리의 경쟁자들을 분석해 적어도 1, 2위가 왜 잘 팔리는지는 알아야 한다. 경쟁자가 없다면 왜 없는지도 알아야 한다. 바깥에서 볼 때는 대박날 것 같은데 내부 관점으로 보면 성공할 수 없는 이유가 튀어나오기도 한다. 이런 내부 관점은 경험으로 생기는 것이지 망상으로 가질 수 있는 것이 아니다.

앞에서도 카테고리를 너무 넓히지 말라는 말을 했다. 많은 창업자들이 대형 쇼핑몰을 벤치마킹하면서 카테고리를 넓힌다. 수십 수백 명이 운영하는 쇼핑몰 구조를 한두 명이 뛰어들어 이길 수 있을까? 경쟁사는 하루에 100개씩 업데이트하는데 우리는 하루 5개밖에 못한다면, 영업일 기준으로 한 달에 100개 상품을 올리는 데 그친다. 상품 업로드 인력은 한 명인데 채워야 할 대분류 카테고리가 10개라면 늘 채우지 못해 오픈 준비 상태로 보여질 수밖에 없다. 카테고리마다 속성이 조금씩 다르긴 하지만, 상식적으로 100개 상품이 12개 카테고리로 분산되면 고객이 들어와도 살 게 없으니 유입 시 구매전환율도 낮아질 수밖에 없다.

그러니 욕심이 나더라도 실제로 내가 감당할 수 있는지 파악하는 것이 먼저다. 쉬지 않고 하루에 4개씩 제품을 업로드한다면 한 달에 120개 제품 리스트를 보유할 수 있다. 평균 쇼핑몰 상품등록 기준이 4000~7000개임을 감안한다면, 전선을 단일화해 한 아이템에 집중해야 한다는 의미가 무엇인지 알았을 것이다.

그 밖에 오픈 초기 카테고리를 효과적으로 관리하는 방법은 다음과 같다.

첫째, 오픈 초기에는 시즈널 제품을 피한다.

초기에는 사계절 아이템 또는 품절되지 않는 상품을 업데이트한다. 의류의 경우 판매기간이 정해져 있어서 열심히 업데이트했는데 정작 업체 재고가 떨어지는 바람에 하나도 판매하지 못하고 다른 상품으로 갈아타야 하는 경우가 많다. 그러니 가능한 한 품절되지 않는 상품을 업데이트하자. 가방, 신발, 안경처럼 계절에 큰 영향을 받지 않는 잡화군이 이러한 예다.

둘째, 단 하나라도 팔리는 제품이 있으면 확장해 카테고리를 채운다.

앞서 말했듯이 오픈 초기는 다양한 카테고리 구색을 갖추기보다는 한 가지 상품군을 확실하게 채우는 것이 좋다. 카디건이라는 키워드로 검색광고를 했을 때 카디건이 한 종류 있는 것과 20종이 있는 것, 과연 어느 쪽이 구매확률이 높을까? 당연히 20종이 더 높은 구매전환을 일으킬 것이다.

그런 다음 팔리는 제품 중심으로 카테고리를 강화한다. 겨울에 패딩이 잘 팔리면 패딩을 더 채운다. 기본 제품과 패턴이 있는 제품 그리고 한정판(스탁이나 제작) 제품군으로 구색을 맞추면 고객 수요에 맞는 상품군이 자연스럽게 완성된다. 마치 작은 구멍을 뚫는 것처럼 작은 힌트에서 시작해 넓혀가는 것이다. 이때에는 디자인이 있는 아이템을 먼저 채운 다음에 기본 아이템을 넣는 것이 순서상 좋다. 나보다 더 큰 곳을 이기는 방법은 우리를 더 날카롭게 만드는 것뿐이다. 큰 업체들이 손대지 않는 것을 뾰족하게 내세우자.

셋째, 객단가 낮은 카테고리에 주목하라.

평균 매출을 만드는 건 의외로 대분류 카테고리가 아닌 구색을 잘 갖춘 소분류 카테고리다. 롱패딩을 수십억 원어치 팔아치운 업체가 봄여름에 손가락을 빠는 이유는 카테고리가 죽기 때문이다. 볼륨은 크지만 지속성이 떨어진다. 패딩으로 10억을 판매한 업체는 겨울이 지나면 고정비를 줄일 수 없어 자금난을 겪는다. 간혹 하이엔드를 추구한다면서 소분류 카테고리를 무시하는 경우가 있는데, 잘못된 생각이다. 나만의 특성이 없거나 시장을 리딩하는 카테고리가 없다면 괜히 광고비만 쏟아부을 뿐 외부 투자금도 받지 못하고 시간만 흘려보내 망하기 쉽다. 특히 작은 기업은 리딩하는 카테고리가 다양하지 않기에 해당 상품이 품절되거나 사고가 터지면 감당하기 어려운 타격을 입을 수 있다.

아우터가 대분류 카테고리라면, 카디건이나 숏패딩은 소분류 카테고리다. 소분류를 하나의 상점이라 생각하고 키워보자. 상점 하나에서 월 1억씩 매출을 올린다면 12억이 된다. 그래서 사업 초기에는 객단가가 상대적으로 낮은 잡화 비중을 높이는 차원에서 제품 업데이트를 하라고 강조하는 것이다. 비수기가 없다는 건 작은 카테고리의 경쟁력을 갖췄다는 것이며, 이는 포트폴리오 전략과도 이어지는 맥락이다. 맥도날드가 햄버거만 팔지 않고 감자튀김 등의 사이드메뉴를 파는 이유이기도 하다.

이미 성공한 기업들도 신사업을 성공시키는 확률은 절반을 넘지 않는다. 그 정도로 카테고리(시장) 분석이 어렵고 변화가 많다는 뜻이다. 카테고리는 기본적으로 네이버 쇼핑과 오픈마켓, 소셜 커머스, 개인몰 등 4가지 영역을 모두 분석해 비교해야 한다. 고객 입장에서 제품을 주문하고 사용해봐야 가격과 마진, 서비스에 대한 자기만의 관점이 생길 수 있다.

좋아하는 것과
속성을 아는 것은 다른 문제다

"이커머스에서는 무엇을 팔면 유리한가요?"

사람들이 가장 많이 묻는 말이다. 나의 대답은 항상 같다.

"이커머스는 모든 것을 다 팔 수 있는 세상입니다."

이 답에는 다른 의도가 숨어 있다. 무엇을 파는 것이 중요한 게 아니라, 내가 팔고자 하는 것의 특성을 알고 접근해야 한다는 것이다.

대부분의 창업자는 판매 아이템을 정할 때 자신이 좋아하는 것에서 시작해 범위를 좁혀나간다. 자신에게 생소한 분야나 아예 모르는 영역에 발을 들이려는 사람은 없다. 취미로 즐기거나 평소 관심 갖는 분야의 아이템을 파는 것은 자연스럽기도 하고 당연하기도 하다.

다만 이때 반드시 해야 할 것이 있다. 아이템의 배경조사다. 내가 팔고자 하는 이아이템의 마진과 원가, 내 제품을 사줄 사람들이 마음속에 갖고 있을 준거가격은 창업자의 의지가 아니라 시장의 논리에 따라 정해진다. 자연히 어떤 아이템은 시작하기도 전에 어느 정도 성패가 결정된다.

이커머스에서는 무엇이든 팔 수 있다고 했지만, 어디서든 내 제품을 팔 수 있는 것은 아니다. 자사몰, 네이버 스토어팜, 홈쇼핑, 대형마트 등의 채널에서 물건을 팔려면 유통 영역별 수수료가 적게는 15%에서 많게는 70%까지 들어간다. 마진율은 원가율에 따라 책정되므로 내가 파는 제품의 원가에 따라 애초에 진입할 수 없는 채널도 생긴다. 예컨대 온라인 구매가 활발하지 않았던 시절, 패션 업종은 원가율 30% 정도에 마진이 높은 비즈니스로 꼽혔지만 근래에는 그렇지 않다. 가격비교가 일상화되면서 판매자들이 더 많이 팔기 위한 경쟁에 뛰어들었기 때문이다.

이 때문에 포지셔닝이 중요하다. 형식적으로 시장조사를 하고 끝낼 것이 아니라 경쟁력 있는 가격과 구성을 생각해내

자기만의 포지션으로 가져가야 한다. 쉽게 말하면 새로운 카테고리를 만드는 작업이다. 비누를 판다면 5000원을 받아도 비싸다고 하지만, 고체팩이라 부르면 3만 원을 받아도 판매가 된다.

더욱이 다른 업체들과 가격으로 싸우지 않으려면 출시할 때부터 기존의 인식에 지배되지 않는 포지셔닝을 구사해야 한다. '침대는 가구가 아니라 과학'이라는 카피 한 줄이 침대를 고부가가치 사업군으로 만든 이야기는 누구나 공감하는 탁월한 기획 사례다. 해당 업의 속성을 치밀하게 파악해 좋은 (인식의) 포지션을 차지하는 것만큼 뛰어난 기획이 있을까? 내가 알기로는 아직까진 없다.

다이어트 식품, 건강기능식품, 패션잡화, 먹거리, 주얼리, 패션 등 이커머스는 업종에 따라 각기 특성이 다른데, 이를 알아두면 초보 창업자여도 상대적으로 빠르게 자리잡을 수 있다. 업종별 특성을 간략히 소개하면 다음과 같다.

패션은 충동구매가 가장 많이 일어나는 분야기도 하지만 역설적으로 고객이 쌓여가는 재미가 있다. 자동차처럼 큰맘 먹고 바꾸는 제품이 아니므로 구매주기도 짧고 구매결정도 신속하다. 계절의 영향을 많이 받기 때문에 판매기간이 짧다는 단점이 있지만, 이를 뒤집으면 신상품으로 꾸준히 구매를 자극할 수 있다는 장점이 되기도 한다. 이처럼 금방 사고 자주 찾는 고객도 많지만, 재구매가 따라붙지 않으면 경쟁력이 사라진다. 즉 의류에서 성패를 가르는 포인트는 고객의 '재구매'다.

의류와 달리 패션 잡화류, 특히 신발, 모자와 같은 잡화류는 계절의 변화에 그리 민감하지 않다. 사계절 언제든 활용 가능한 상품군을 많이 준비한다면 당장의 매출은 적어도 꾸준히 고객과 매출이 쌓여 사업의 캐시카우가 될 수 있다.

코스메틱 업종의 단점은 유통 수수료와 광고비가 높은 편이며 경쟁이 치열하다는 것이다. 하지만 원가율이 낮고 생산 인프라가 비교적 잘 갖추어져 있기에 유통경로를 다양하게 확보한다면 전 채널로 확장할 수 있다는 장점이 있다.

건강기능식품도 코스메틱과 유사하다. 5~15%로 원가율이 낮은 편이지만, 유통 수수료는 매우 높다. 또한 사람의 몸과 관련된 아이템이므로 표현에 대한 규제가 어떤 업종보다 심하며 광고 심의는 더 까다롭다. 코스메틱과 건강기능식품은 모두 효능과 성분에 대한 인증을 받아야 표현이 가능한데, 여기에서도 고시형과 개별 인증형으로 나뉜다. 일반식은 '살이 빠

진다, '잠이 온다'고 표현할 수 없지만, 고시형은 '도움이 된다'
고 말할 수 있고 개별 인증형은 '잠이 온다', '살이 빠진다'고
직접적으로 표현할 수 있다. 연구기관의 기술 이전을 통해 지
적재산권을 사올 수도 있지만, 기본적으로 시간과 비용이 많
이 들어가는 영역이니 사업 초기거나 자금이 충분하지 않다
면 권하지 않는다.

전자제품 카테고리의 특성은 기술개발이 요구된다는 것이
다. 대부분의 이커머스 사업자들은 개발보다는 판매에 특화되
어 있다. 또한 전자제품의 경우 출시 주기에 크게 영향을 받는
다. 자동차나 휴대폰은 한 번에 여러 개를 구매하는 경우가 없
기 때문에 고관여 상품에 해당하며, 출시 초기에 매출이 집중
적으로 발생한다. 그 후 새로운 성능이 추가되거나 옵션을 추
가하면 더 높은 가격대에 팔리는 구조로 설계되어 있다. 자연
히 새로운 상품이 출시되면 주변기기도 매출이 오른다. 즉 이
분야의 아이템을 팔 거라면 신상품의 출시 주기를 파악하고
사업을 준비해야 자리잡는 데 유리하다.

각각의 카테고리마다 제품이 갖는 속성의 특성과 한계는 명
확하다. 내가 파는 아이템의 속성을 파악했다면 그다음에는

다양한 채널에서 모두 보이도록 노출하고, 각각의 채널에 맞게 각기 다른 프로모션을 기획하는 단계로 넘어갈 차례다. 이에 대해 알아보자.

'단독'은 파는 게 아니라
만드는 것이다

이커머스 MD라면 지겹도록 들었을 말이 단독 가격과 단독 디자인, 단독 브랜드다. 이커머스에서 높은 매출을 올리는 최고의 방법은 단연 '단독exclusive'이다. 우리 쇼핑몰에서만, 우리 사이트에서만 파는 제품이니 당연히 매출이 오를 수밖에 없다.

물론 단독이 말처럼 쉽지는 않다. 모든 이커머스가 제조역량을 갖춘 것도 아닌 데다, 남이 만든 제품을 독점하고 가격을 통제하는 것도 쉬운 일은 아니다. 그러나 모든 일이 그렇듯 방법은 있다. 단독판매에서 '단독'의 개념을 바꾸는 것이다.

의류 쇼핑몰을 시작한 지 얼마 되지 않았을 때다. 가기만 하면 늘 위축되는 거래처가 있었다. 우리보다 잘나가는 경쟁사에는 낮은 가격으로 제품을 주면서 우리에게는 언제나 높은 가격을 받는 곳이었다. 동대문 도매시장에서 매출도 크고 그만큼 콧대도 높아서 소위 '배짱 장사'를 하는 거래처였다. 시장의 논리로 보면 그럴 법도 했지만 내 입장에서는 결코 그러려니 할 문제가 아니었다. 제품이 좋아서 매번 사입했지만 우리는 가격 경쟁력이 밀리니 그만큼 적게 팔 수밖에 없었다. 그렇다고 가격을 경쟁사만큼 내리면 손해를 보고 팔아야 하니 그 거래처만 가면 표정이 편해지지 않았다.

그러던 어느 날, 여느 때처럼 그 거래처에 옷을 사입하러 갔는데 너무 예쁜 패딩 점퍼가 하나 걸려 있었다. 이건 되겠다 싶어서 혹시 이 제품을 가져가도 되는지 조심스럽게 물었더니, 고객들의 반응을 보려고 걸어놓은 거여서 안 판다는 것이다. 장사해야 하니 얼른 돌아가라는 말과 함께.

하지만 포기하지 않았다. 아니, 포기할 수 없었다. 매장이 문을 닫는 새벽 5시까지 기다렸다가 음료수를 사들고 다시 찾아갔다. 내일 매장이 여는 시간에 맞춰서 가져다드릴 테니 샘플을 빌려달라고 간곡하고도 정중하게 부탁했다. 그 새벽에 찾아와 매달리는 나를 보며 질색하던 사장님의 표정이 아직도 기억에 생생하다. 결국 사정사정한 끝에 어렵게 샘플을 빌려올 수 있었다. 그 길로 사무실로 돌아와 바로 패딩 사진을 찍어서 우리 사이트에 올렸다. 예상은 적중했다. 사진을 올리자마자 고객들의 문의글이 달리고 주문이 폭주하기 시작한 것이다.

그때 알았다. 단독은 우리가 만드는 것이라는 걸. 우리만의 제품을 만들 수 없다면 남들보다 먼저 공개함으로써 그 시간만큼 단독으로 팔면 된다는 걸.

당장 모든 제품을 당일에 업로드하겠다는 계획을 짜고 실행에 옮겼다. 마음 같아서는 어울리는 모델도 신중하게 섭외하고 상세페이지도 누구보다 완성도 있게 만들고 싶었지만, 모든 욕심을 접고 대신 속도를 택했다.

고객들은 신속한 선공개의 가치를 알아봐주었다. '신상품이 가장 빨리 업로드되는 곳'으로 인식되면서부터 다른 곳보다 비싸게 내놔도 물건이 팔렸다. 무엇보다 통쾌했던 것은 그 콧대 높은 거래처가 우리를 밀어주기 시작했다는 사실이다. 으레 하던 대로 '잘 파는 곳'과 손을 잡은 것이다. 샘플도 무료로 제공하기 시작했고 심지어 가장 먼저 공급해주었다. '배짱 장사를 해도 잘되는 이유가 있구나' 하는 가르침도 덤으로 얻었다.

나아가 거래처에서 기획 중인 제품 정보를 한발 먼저 입수해 늘 먼저 달라고 찜해두고, 그 제품을 우리 고객들에게 가장 먼저 선보이게끔 했다. 나중에는 진짜 단독, 우리만 파는 제품을 만들어주기도 했다.

이 정도 성과를 올릴 수 있었던 것은 '단독'에 대한 관점을 바꾸었기 때문이다. 콧대 높은 거래처를 상대로 내가 취할 수 있었던 단독은 신속함이었다. 우리는 흔히 신속함이라 하면 빠른 배송을 떠올리지만, 빠른 공개도 신속함을 파는 방법 중 하나다. 나는 그렇게 거래하는 업체들을 넓혀가면서 고객들에게 신속함을 팔았다.

단독을 만드는 법은 곧 '파는 법'으로 바꾸어 말할 수도 있다. 가령 시간과 경험도 그중 하나다. 영화 제작사는 개봉 전에 VIP 고객들을 상대로 영화 시사회를 여는데, 이는 특별한 혜택이라는 '경험'을 파는 것이다. 예전에는 홍보력 있는 기자들이나 매체에 먼저 공개했던 프리미엄을 지금은 고객들에게 혜택이라는 이름으로 제공하거나 그에 상응하는 대가를 받고 판다. 고객은 기꺼이 그 경험에 대한 비용을 지불한다. 애플이 신제품을 출시하면 다들 줄을 서서 구매하고 언박싱 리뷰를 올리며 자랑하는 것처럼, 시키지 않아도 돈을 내고 독점적 경험 experience을 구매하며 홍보대사를 자처한다.

이커머스도 마찬가지다. 똑같은 제품을 파는데 누군가는 돈을 벌고 누군가는 망한다면, 이는 아이템의 문제가 아닌 파는 방식의 문제 아닐까? 기존의 제품도 고객 관점으로 다시 바라보면 무엇이든 팔 수 있다. 예를 들어 음원을 판다고 해보자. 일부에게만 신곡을 선공개한다면, 해당 고객은 기꺼이 선공개에 대한 가치를 지불할 것이다.

시간을 파는 방법은 이밖에도 매우 다양하다. 신규회원이 가입과 동시에 정기배송을 신청하면 다음 달에는 일주일 무료 정기배송 혜택을 준다든지, 6개월을 신청하면 2개월을 무료로 주는 시스템들이 그러한 예다. 단기적으로 손해라 생각할 수도 있지만 결과적으로는 고객을 붙잡는 데 쓰는 리텐션 retention 비용을 낮춰 이익으로 돌아온다.

다시 한 번 강조한다. 단독은 파는 게 아니라 만드는 것이다. 어디에나 있는 제품을 세상에 없는 제품으로 만드는 것은 판매자의 '기획력'이다. 가장 먼저 업데이트를 하면 짧은 기간이나마 단독이 된다. 남들이 다 파는 물건이라도 우리만 재고를 갖고 있다면 단독이 된다. 유니크한 디자인만 단독이 되는 것이 아니다. 5만 원 미만인데 무료배송을 하거나, 남들도 파는 제품에 사은품을 붙이면 단독상품이 된다. 물론 생산처와 협력사가 협의해 단독을 만드는 작업이 메인이 되어야겠지만 판매기간을 확보하거나 특정 컬러를 확보하거나 수량을 확보하는 것, 나아가 유명인이나 브랜드와의 콜라보레이션까지, 이 모두가 단독을 만드는 방법이다.

'왜why'에서 접근하면 모든 것을 팔 수 있다. 관점만 바꾸면 모든 것을 팔 수 있는 시대를 살면서 아이템이 없다고 하소연하는 분들이 많다. 나 역시 그와 다르지 않았기에 그 심정을 이해하면서도 안타까울 뿐이다. 물론 관점은 쉽사리 바뀌지 않는다. 다른 사람들의 의견을 듣고 관계를 맺고 신뢰를 얻고 고객의 목소리에 귀 기울이며 외부의 경험을 자신의 교훈으로 만들어가야 한다. 이 이야기를 책으로 쓰고 있지만, 사실은 책이 주기 힘든 '현장의 가르침'이다.

남성복 쇼핑몰에서
손톱깎이를 팔게 된 이유

공원 근처에서 장사를 하는 지인이 하소연했다. 벚꽃이 피면 손님들이 몰리지만 황사가 심한 날에는 매출이 뚝 떨어진다는 것이다. 그는 별것 아닌 듯 보여도 아주 작은 일에 고객의 움직임이 달라지고 매출도 출렁인다며, 온라인은 날씨의 영향도 적고 비수기도 없지 않느냐며 부러워했다.

결론부터 말하자면 이커머스에도 비수기는 있다. 특정 계절에 유독 매출이 상승하거나 취약한 업종이 있다. 밸런타인데이나 어버이날처럼 특정 기념일에만 매출이 발생하는 업종은 더욱 심하다.

관점을 바꾸면 고객의 사용 패턴에 따라 아이템을 얼마든지 다양하게 갖출 수 있는데, 많은 사업자들이 비수기니 팔리지 않는 거라며 돌파구를 찾기보다 현실을 그냥 받아들인다. 그러나 부지런한 농부는 결코 한철 수확에 만족하지 않는다. 나만 그런 게 아니라 다른 사람들도 매출이 떨어지니 괜찮다고 여기는 것은 스스로 한계를 짓는 자기위안일 뿐이다. 그런 사고방식에 갇히면 성장은 기대할 수 없게 된다.

고백하건대 과거의 나 또한 예외는 아니었다. 다만 계절의 흐름에 따른 매출을 파악하기 가장 좋은 업종인 패션 카테고리에서 잔뼈가 굵은 터라 그 경험이 '비수기 핑계'를 극복하는 데 큰 도움이 되었다. 의류 업종은 특성상 가을과 겨울은 객단가가 높은 아우터를 파는 시즌이어서 매출은 뛰지만 판매기간이 짧다. 봄이 오면 기존 제품은 대부분 품절로 돌려야 한다. 신상품이 등록되기 전까지 주력 매출을 내주던 기존 제품들이 리셋되어 버리는 게 큰 골칫거리였다.

전체적인 매출은 계속 오르고 있었지만 유독 봄이 오면 매출이 가파르게 떨어지는 상황을 여러 차례 겪자 고민하지 않을 수 없었다. 여름 매출은 더욱 처참했다. 그나마 객단가가 높은 신발과 바지를 많이 팔려고 노력하는데도 만족할 만큼 결과가 나오지 않았다. 사람들은 비수기에는 원래 그런 법이니 마음 편하게 먹으라고 했지만, 도저히 받아들일 수 없었다.

그러던 어느 날, 어르신 한 분이 손톱깎이 세트를 입점해달라고 찾아오셨다. 앞서 말한 대로 쇼핑몰을 오픈한 후 지인들에게 무엇이든 원하는 게 있으면 말씀만 하시라고, 다 구비하겠노라고 공언했더니 이곳에 오면 알아서 잘해줄 거라는 소문을 듣고 찾아오신 듯했다. 처음에는 우리 사이트의 정체성과 달라도 너무 달라 거절했지만, 결국 우여곡절 끝에 상품등록까지는 하게 되었다. 남성복 쇼핑몰과 어울릴 법하지 않은 손톱깎이를 판다는 게 아무래도 탐탁지 않아 페이지 뒤쪽에 배치해두었다. 팔겠다는 물건을 보이지 않게 숨겨둔 셈이니, 지금 생각하면 참 재밌는 일이다.

내가 손톱깎이를 팔게 됐다는 것도 놀라웠지만 정말 놀라운 일은 그다음에 일어났다. 저 뒤편에 숨겨둔 손톱깎이가 너무 많이 팔려서 매출 1위를 달성한 것이다! 의외의 결과에 회사 사람들 모두가 깜짝 놀란 한편, 판매자의 취향이 중요하긴 해도 결코 객관적이지는 않다는 사실을 깨달았다. 그때부터 일단 다양한 상품을 등록하고 판단해보기로 방침을 바꾸었다. 진열은 고객이 결정하는 것이었다. 어쩌면 팔 수 있는 물건이 세상에 많은데 내가 찾지 못하고 있는 건지도 몰랐다.

그 후부터는 매출이 떨어져도 낙심하기보다는 무엇을 더 팔면 좋을지 찾아내려는 버릇이 생겼다. 봄보다 더 비수기인 여름 장마철이 왔다. 무엇을 팔까 고민하던 중 동대문시장 인근의 상점에서 지브라 패턴의 우산을 발견했다. 손톱깎이도 파는데 우산이라고 못 팔까 싶어서 5000원을 주고 사와 사이트에 올려봤더니 웬걸, 매일 10개, 20개, 30개씩 팔려 나갔다. 원래대로라면 남자옷 쇼핑몰에서 팔 일이 없는 제품인데 팔리는 것이다. 급하게 수량을 늘려 주문하자 거래처에서 사실은 처음에 도매가격이 아닌 일반인들에게 판매하는 가격으로 물건을 줬다고 고백해왔다. 거래처의 잘못이라기보다 우산에 대한 가격 기준이 없었던 내 실수였다. 하지만 그 덕에 예상보다 더 높은 마진을 취한 것은 물론, 우리 기준보다 훨씬 다양한 제품을 팔 수 있다는 사실을 깨닫게 되었다.

나중에는 이 두 가지 경험에서 얻은 교훈을 토대로 장기적인 관점에서 전략을 세웠다. 바로 1년 내내 팔 수 있는 카테고리를 만들자는 것, 그리고 각각의 카테고리를 독립된 한 개의 상점처럼 만들자는 것이었다. 말은 쉽지만 오프라인으로 치면 사시사철 평일에도 주말에도 손님이 끊이지 않는 매장을 만들자는 것과 다를 바 없는 당찬 포부였다.

신발 카테고리를 첫 번째 타깃으로 삼았다. 시즈널 이슈 seasonal issue가 없도록 포시즌 카테고리부터 채워가되, 남성의류 이커머스에서 가장 많은 제품을 보유하고 가장 먼저 선보이는 것을 목표로 잡았다. 신발을 사려는 고객들이 어떤 키워드로 검색해서 들어올지 예측해 키워드를 선점하고자 했다. 처음에는 좀 더 세부적인 '남자하이탑스니커즈' 같은 키워드를 활용해 고객을 끌어들였다. 그 후 차츰차츰 상품군이 강화되면서 그냥 '신발'이라는 메인 키워드만으로도 높은 매출이 나왔다. 그만큼 우리의 신발 카테고리가 충실해져 인정받고 있다는 뜻이었다. 게다가 신발은 남녀의 경계가 상대적으로 흐릿한 품목이다. 남성몰이지만 여성 사이즈를 추가하는 것만으로도 커플과 여성 회원의 비율이 30%를 넘어가는 것을 보고 우리 전략에 더욱더 확신을 갖게 되었다.

하나의 카테고리를 독립된 상점처럼 만드는 전략은 우리만의 자체제작 상품을 어필하는 데에도 유리하다. 기본 아이템은 높은 수요와 저렴한 가격, 다양한 구성 덕분에 많은 고객을 몰고 오지만, 우리 상점(카테고리)의 정체성을 결정하는 것은 뭐니 뭐니 해도 자체제작 상품이다. 이 제품들이 우리 카테고리를 대표하는 이미지가 되었을 뿐 아니라 처음 시도했던 신발 카테고리에서는 전체 매출의 40%를 차지하며 이익도 끌어올렸다. 그렇게 월 매출 10억이라는 목표를 달성했고, 그 기세를 몰아 우리는 남들이 비수기라고 포기하고 버티는 시즌을 오히려 매출의 성장지점으로 바꾸어놓았다. 성수기인 가을이 되자 월 매출 17억까지 달성하며 한 차원 높게 성장했음은 물론이다.

그 후 신발, 모자, 안경, 액세서리처럼 객단가는 낮지만 마진은 좋은 아이템을 하나씩 채워 나갔다. 그 효과는 정말 대단했다. 1년 내내 팔리는 카테고리들은 각자 생존해 매출 하락을 방어하는 데 그치지 않고 오히려 매출을 상승시키는 효과를 낳았다. 남들이 하락할 때에도 계속 성장하는 것만큼 기분 좋은 일이 또 있을까?

관점을 바꾸어 무엇이든 팔 수 있다고 생각하고 흐름을 활용한다면 비수기야말로 가장 짜릿한 성장의 기회가 될 수 있다. 내게 손톱깎이 세트를 팔고 싶다고 찾아온 그 어르신은 의

도했든 아니든 '비수기 매출 반전'이라는 가장 큰 교훈을 남겨
주신 셈이다.

이커머스 창업자의
보이는 일, 보이지 않는 일

책에서 경영의 대가들이 말하는 원칙들은 대체로 옳다. 그러나 자전거를 타고 나들이를 갈 수 있지만 우주에 갈 수는 없는 법, 상황에 따라 전략과 수단은 달라져야 한다. 이제 막 창업한 작은 회사는 응급환자 같다. 시간을 다투는 응급환자에게 천천히 꼭꼭 씹어 먹으면 소화가 잘된다는 식의 원론적인 처방은 소용이 없다.

작게 막 시작한 회사도 마찬가지다. 우선 작은 회사는 일일이 직원 교육을 할 만큼의 자금이나 여유가 없다. 더러는 기껏 교육에 투자했더니 그 직원이 그만둬버려 다시 사람을 구해야 하는 경우도 있다. 0으로 돌아가는 것이다. 이 역시 맨파워로 해결해야 할 문제지만, 우리의 노하우를 그대로 베껴서 하루 아침에 직원이 경쟁자가 되는 배신감에 몇 번이고 치를 떨어야 할 수도 있다. 실제로 이런 이유로 패밀리 비즈니스로 시작하는 분들도 많다. 개인적으로 현명한 전략이라 생각하지는 않지만, 일정 규모까지 성장하고 존속하는 데에는 유용한 것도 사실이다. 최소한 '배신'을 당할 위험은 현저히 낮아진다.

무엇보다 작은 회사의 창업자는 노동집약적인 일을 최대한 줄이는 것을 목표로 시스템을 만들어가야 한다. 그래야 회사 운영이 매끄럽게 돌아간다. 물론 최고의 선순환은 매출이다. 아무리 팀워크가 좋고 탄탄한 물류를 구축하고 좋은 사무실에서 멋진 미래를 그려도 상품이 팔리지 않으면 소용이 없다.

작은 회사의 창업자들을 많이 만나는 업의 특성상 그분들과 나눈 대화를 가끔 페이스북에 정리해보곤 하는데, 그때마다 많은 이들이 공감해주셨다. 정답이 있는 일이 아니므로 딱 잘라 말할 수는 없지만 그래도 이커머스의 생리를 빠르게 이해하는 데는 도움이 될 것 같아 옮겨 적는다.

1. 이커머스 창업 초기는 얼마나 짧은 기간에 자생가능한 체력을 만드느냐에 따라 성패가 갈린다. 기초체력을 빠르게 키우는 방법은 궤도에 오르는 시간을 혁신적으로 줄이는 것이다. 10년 걸릴 공사기간을 1년으로 줄일 수 있다면 남들이 따라잡을 수 없게 된다. 이것이 가능한 것은 이커머스 비즈니스가 다른 사업들보다 창업에 큰 비용이 들지 않으며 한계에 구애받지도 않기 때문이다. 인스타그램이나 블로그, 카페로 창업할 수도 있고, 진열과 수용 지역의 한계도 초월할 수 있다.

2. 창업 준비나 시작 시점에는 한계가 거의 없지만, 상품에는 한계가 존재한다. 대부분의 상품은 판매기간이 정해져 있다. 온라인에 상품에 대한 설명과 이미지를 올리고 광고를 돌려 매출을 냈다고 해도, 정체와 하락은 예상보다 빨리 찾아온다. 이커머스의 세상은 유독 빠르게 변한다. 히트 상품 하나를 만들었다고 인생이 역전되지도 않는다. 시간을 조금 벌 따름이다. 히트 상품이 저물기 전에 다음 상품을 준비하지 않으면 매출 하락을 피할 수 없다. 상품 주기를 고려해 다음 상품을 발굴하지 못하면 사업이 끝날 수도 있다는 절박한 마음으로 신상품을 찾아야 한다. 이때의 팁은 섣불리 카테고리를 넓히

려 하지 말고, 큰 업체가 손대지 않는 것을 찾아 뾰족하게 내세우는 것이다. 수입 제품이나 한정 수량 제품을 판매하는 것도 초기에는 하나의 전략이 된다.

3. 창업자라면 누구나 완벽한 오픈을 꿈꾸지만, 현실에서는 습작부터 시작해야 한다. 습작 없이 좋은 시나리오가 나올 수 없다. 눈만 높은 아마추어로 남지 않으려면, 우리 수준에 맞는 흐름을 완성해야 한다. 그러기 위해서는 처음부터 끝까지 모든 프로세스를 거쳐봐야 한다. 터널을 통과하는 연습이 필요하다. 아무리 습작이라 해도 마무리 짓는 습관을 들여야 한다. 웹사이트나 상세페이지 디자인이 마음에 들지 않는다고 한 달을 붙들고 있는 건 가장 귀한 자산인 시간을 허비하는 것이다. 고객에게 빠르게 선보이고 수정하는 편이 더 낫다.

4. 물론 완성도가 중요하지 않다는 것은 아니다. 단번에 완벽한 작품이 나올 수는 없다는 것이다. 조금씩 깎아 나가야 한다. 이커머스는 매일 0.1%씩 개선되는 것이 가능한 비즈니스다. 할 수 있는 만큼보다 조금 버겁다 싶은 목표를 잡고 뛰어넘는다면, 초기에 일의 흐름을 만들어낼 수 있다. 그것이 가능하다면 수

정을 반복하면서 계속 성장할 수 있다. 게다가 이커머스의 특성 상 처음에는 작은 팀으로 출발하는 경우가 많은데, 작은 조직의 최대 장점은 빠르게 의사결정하고 유연하게 움직일 수 있다는 것이다. 경쟁자보다 시간을 앞서가는 것은 큰 무기가 된다.

5. 초기라면 고객이 우리를 응원할 만한 스토리를 들려줘야 한다. 잘 다듬어진 스토리를 보여주느라 시간을 낭비할 필요 없다. 방송에 나오는 오디션 프로그램을 생각하면 이해가 쉬울 것이다. 오랜 기간 연습을 거듭한 실력 있는 연습생을 제치고 조금 어설퍼도 스토리에 울림 있는 연습생이 스타가 되는 경우가 적지 않다. 어설퍼도 괜찮다. (부끄러움을 감수할 수 있다면) 가장 완벽한 프러포즈는 어설픈 프러포즈라고 한다.

어떻게 스토리를 만들까? 개인 SNS 채널을 활용해 결과를 만들어가는 과정과 감정을 공유해보자. 여기서 중요한 것은 감정의 '흐름'에 집중하는 것이다. 물론 그렇다고 감정에 치우친 사연만 늘어놓으라는 뜻은 결코 아니다. 초기에는 비즈니스 계정 외에 개인 인스타그램 계정으로 광고를 해야 할 수도 있으며, 실제로 이런 개인 계정이 있느냐 없느냐가 큰 차이를 만들어낸다. 비즈니스 계정으로 운영하더라도 인물, 즉 '나'를 드러내는 것이 좋다. 이때에도 개인적 이야기와 광고 비중은 8 대 2 정도가 바람직하다.

6. 이커머스 업무의 흐름은 크게 고객에게 보이는 일, 그리고 보이지는 않지만 고객경험에 영향을 미치는 일로 나뉜다. 상품 기획, 상품 촬영, 웹사이트 운영, 디자인, 광고 기획 등 '고객에게 보이는 영역'은 기술이 필요하며 관련 재능이 있으면 유리하다. 감각이 좋으면 도움 되는 업무이기에 직관력 있는 창업자가 유리한 영역이다. 창업자가 이 중에서 2~3가지 업무도 파악하지 못하거나 직접 할 줄 모른다면 창업은 미루는 것이 좋다. 최소한으로 갖춰야 할 기본 자격이다.

보이지 않는 업무는 상품 소싱, 물류, 고객 상담 등이다. 초기에는 누구나 할 수 있는 단순노동으로 보일지 몰라도 사업이 성장할수록 중요해지는 영역이다. 접객의 시작과 끝이며, 특히 고객의 '구매 후 경험'에 크게 영향을 미친다. 고객을 만나는 접점이기에 이를 잘 활용하면 많은 영감을 얻어 더 큰 성장을 이끌어낼 수 있다. 여기서 얻은 아이디어를 다듬어 우리의 차별화 지점으로 활용하자.

7. 콘텐츠 촬영 양에 비해 업데이트가 늦어지거나, 매출이 급증하거나 상품 소싱에 문제가 생기면 당장 물류와 고객센터에 문의가 폭주한다. 카테고리를 넓히거나 아이템을 확대하는 등 고객경험을 확장하는 과정에서 송종 일어나는 문제인데, 이때는 수습에 급급하기보다 '왜'를 따져 문제의 뿌리를 제거해야 한다. 게시판을 만들어 직원 응대를 줄이는 식의 문제해결은 임시방편에 불과하다. 물류에 차질이 빚어진다면 차라리 상품을 품절시키고 공장 납품지연 등 근본적인 원인을 해결하는 편이 더 낫다. 문제의 본질을 해결하지 않으면 얼마 지나지 않아 반복되기 때문이다. 다양한 고객경험을 제공하는 것도 좋지만, 불편한 경험을 인지했다면 잠시 확장을 멈추고 즉시 수정하는 것이 올바른 방향이다.

이커머스에서는 팀원들이 각자의 업무에 매몰돼 전체 흐름을 읽지 못할 때가 많다. '나는 내 일 잘하는데'라며 자기만족에 빠지기도 쉽다. 리더는 이를 경계해야 한다. 일의 순서를 파악해 효율적으로 업무를 조율하고 균형과 팀워크를 다지는 것이야말로 리더의 가장 큰 역할이다.

기본은
일의 미래를 담보한다

나는 주로 기본기를 코칭하는 사람이지만 이미 기본을 갖추고 있는 사람들, 더 나아가 본인만의 색이 확고한 사업자들을 만날 때도 있다.

개인적으로는 굉장히 독특한 사고를 가진 괴짜와의 협업을 좋아한다. 자신만의 영역을 구축한 전문가들을 보면 생각이 독특한 분들이 많은데, 얼핏 생각하면 제멋대로일 것 같지만 의외로 이런 분들이 협업하기는 더 편하다. 상대방의 전문성과 잘하는 영역을 서로 인정하기 때문이다. 이럴 때는 서로 잘하는 일을 하면 되므로, 더 빠르게 성과를 만들어낼 수 있다.

반면 아직 기본기를 갖추지 못한 사업자를 코칭하는 일은 성취감은 크지만 무척 어렵다. 업무와 시장에 대한 이해도가 1부터 10까지라면 최소한 3 정도의 기본기는 익혀야 속도를 낼 수 있다. 그런데 대부분은 1도 갖추지 못한 상황에서 7~10을 이야기하며 기본 과정을 건너뛰려 한다. 물론 그 마음은 충분히 이해가 된다. 한발이라도 빨리 나아가고 싶은 것이 사업하는 사람의 심정이고 나 또한 그랬으니 말이다. 그러나 급한 마음에 기본을 건너뛰면 잠깐은 빠르게 성장할 수 있겠지만 결코 지속될 수는 없다.

20여 년 전 간지나라와 스타일보이, 두언니 등의 의류 쇼핑몰로 시작해 현재는 슬림쿡이라는 이커머스에서 단단한 사업 이력을 쌓아오고 있는 친구가 어느 날 우리를 찾아왔다. 그는 컨설팅이 아니라 광고 진행을 의뢰했다. 기본 체력과 본인만의 또렷한 색이 있기에 할 수 있는 의뢰였다. 실제로 그 회사는 우리와의 협업 후 기존에 진행하지 않던 광고 영역을 확장했고, 생산 공장이 마비될 정도로 2년간 10배가 넘는 성장을 구가했다. 코칭 과정은 전혀 진행되지 않았는데 단숨에 성과를 거둔 것이다.

탄탄한 기본기를 바탕으로 성장해온 만큼 친구는 작은 위기에 흔들리지 않았다. 또한 자기만의 기준이 있기에 자신이 감당할 수 있는 일인지 아닌지 스스로 판단 가능했다. 성장통이 찾아올 것을 미리 알고 대비해 수요를 조절할 줄 알았다. 공장이 풀가동되고 있고 직원들도 지친 상태니 광고를 많이 줄여야 할 거라고 알려주면 이를 수용할 줄 알았다.

이러한 기본기에 더해, 단기 성장이 아닌 지속가능한 미래를 내다보는 경험을 통해 그만의 안목이 생겼을 것이다. 실제로 친구는 여러 번의 성장을 경험해봤기에 고객 관점에서 우리가 보지 못하는 영역을 자문해주기도 했다. 서로 기대하는 것이 명확하고 그것을 수행할 수 있는 능력이 있다면 효과는 즉시 나타난다.

물론 기본기가 단기간에 쉽게 만들어지지는 않는다. 외부에서 보기엔 그때그때 광고만 잘 돌리면 나오는 즉각적인 성과처럼 보일지 모르지만 사실은 그렇지 않다. 나는 남들보다 빨리 가고자 하는 사람들에게 늘 이 일화를 이야기한다.

한 여인이 화가에게 원하는 금액을 지불할 테니 그림을 그려달라고 했다. 화가가 5분 만에 그림을 그려 건네며 8000만 원에 달하는 보수를 요구하자 여인이 따져 물었다. 고작 몇 분 동안 그린 그림인데 너무 비싼 것 아니냐고. 그러자 화가는 이 그림을 그리는 데 무려 40년이 걸렸다고 말했다. 그 화가는 다름 아닌 파블로 피카소다. 피카소의 작품은 얼핏 보면 단순한 것 같지만 그의 데생 실력과 기본기가 탄탄하다는 것은 널리 알려진 사실이다.

코칭도 마찬가지다. 누군가의 성장을 돕는 일은 결국 기본 기를 잘 다져서 시장에서 오래 살아남도록 만드는 일이다. 시장의 기준에 부합하도록 먼저 기본을 닦고, 창업자의 기준을 만들고, 색을 입혀 스스로 흐름을 활용하도록 손을 잡고 가는 것이다. 기본이야말로 일의 미래를 담보한다.

남의 회사를 돕다 내 회사를 만들다

지인의 소개로 유명 모델이 직접 운영하는 쇼핑몰을 상담해 준 적이 있다. 그때는 그 일이 내 인생의 방향을 바꾸게 될 줄 몰랐다.

가보니 창업 3년차인 3명이 신당역 근처의 10평 남짓한 사무실에서 일하고 있었다. 나 역시 절박했던 지난 창업 과정이 떠올랐고, 짧지만 깊은 이야기를 나눈 것이 인연이 되어 내 나름의 노하우를 성의껏 알려주었다. 단순한 상담으로 시작한 이 일은 훗날 이커머스 컨설팅 에이전시를 창업하는 계기가 되었고, 당시 그 업체와 함께 큰 성장을 경험할 수 있었다.

10년도 넘은 일이지만 아직도 그 업체의 절박한 모습을 기억한다. 3명이서 한 달에 2800만 원 매출을 올리고 있었다. 그 금액으로는 급여는커녕 운영 비용도 감당하지 못할 게 분명했다. 대표들과 구성원의 인건비를 줄여가며 3년째 버텨온 것이다. 하지만 작은 성공의 로직을 경험한 내가 보기에 그들은 성장 가능성이 차고 넘쳤다. 그 확신을 심어주고자 했다. 전력투구하는 그들에게도 내가 맛본 성장을 경험하게 해주고 싶었다. 그들이라면 가능할 거라 믿었기 때문이다. 대표자가 나를 만나겠다고 몇 시간씩 기다리는 모습에 감명받기도 했다.

상품과 접객, 판매 방식 등 내가 아는 모든 노하우를 쏟아냈다. 시즌별로 수요가 많은 품목을 특별히 판매하는 방법과 광고 방식도 알려주었다. 내가 해본 적 있으니 광고도 직접 맡아 관리했다. 별다른 의도 없이 선의로 돕고 싶었다. 고객 관점으로 바라보고 개선하고 확률을 올리는 것, 구조를 개선하는 것, 흐름을 활용하는 것을 터득하기까지 그리 오래 걸리지 않았다. 3년을 넘기면서 이미 시도해볼 수 있는 것은 다 해본 상황이었기에, 그들은 스펀지처럼 모든 걸 흡수하며 빠른 속도로 성장해 나갔다.

오랜 코칭 경험을 통해 깨달은 것 중 하나는 초기에 어느 정도는 생각을 비울 줄 알아야 상대의 의견을 들을 수 있다는 것이다. 코칭을 무조건 믿고 따라와 주는 것, 즉 생각을 섞지 않는 것은 빠른 성장에 매우 중요하다. 아무리 좋은 방법과 해법을 알려주어도 제대로 이해하고 실행하지 못한다면 설득하느라 진을 빼고 의사결정을 얻어내는 데 시간을 허비하게 된다. 자연히 비용도 감당하기 어려워진다.

자금과 시간이 충분하다면 서로 의견을 나누어도 큰 문제가 없겠지만 죽기 직전의 상황이라면 전혀 다른 얘기가 된다. 촌각을 다투는 응급환자는 심폐소생으로 살려내야 하듯 이커머스 사업도 마찬가지다. 창업 몇 년은 돈이 아닌 시간을 허비하다 실패하는 경우가 가장 많다. 물론 처음 만난 외부 코치에게 절대적인 믿음을 갖기는 어렵겠지만, 적어도 3개월 정도는 코치가 주도권을 쥐고 있어야 한다. 자기만의 컬러는 코칭이 끝난 후에 입혀도 된다.

해당 기업은 다행히 잘 따라와 준 덕분에 당황스러울 정도로 큰 매출이 발생하기 시작했다. 그때부터 엄청난 성장통이 시작됐는데, 이것은 아직도 큰 실수라 생각한다.

매일 주문이 폭주하기 시작했다. 기초체력이 없는 상태에서

갑작스런 매출이 나다 보니 고객에게 좋은 경험을 제공하기 어려워졌다. 항의 전화가 빗발치고, 배송과 고객센터는 생지옥으로 변해갔다. 코칭 3개월 만에 2800만 원이던 월 매출이 10억 원을 넘어버렸으니 건물 입구부터 사무실까지 배송해야 할 옷이 가득했다. 게시판과 전화는 초토화되었고 급기야 서버가 다운되는 사태까지 벌어졌다.

당장 사람과 공간이 필요했다. 급하게 부동산에 연락해 물류창고 겸 사무실을 구하러 대신 뛰어다니고, 인테리어 업체와 상의해 배송 동선부터 다시 잡기 시작했다. 성장을 감당하기 어려웠으니 나 역시 모든 지인을 불러와 배송을 도왔다. 전 직원 누구도 예외 없이 새벽까지 배송 업무에 매달렸다. 그래도 배송량은 줄어들지 않았다. 급하게 광고를 줄여도 주문량은 그리 떨어지지 않았다. 시스템과 인프라가 부족했기에 큰 고생을 했던 기억이 아직도 생생하다.

당시 이커머스 성장의 한계가 물류 시스템의 부재 때문이라는 것을 1세대 창업자들은 부인하지 않을 것이다. 모두가 몇 개월을 고생하는 동안 이건 뭔가 잘못됐다는 생각이 들었다. 여러 물류 전문가를 섭외해 컨설팅을 받은 결과 큰 고비는 겨우 넘겼지만, 명절 시즌이 시작되면서 또다시 주문이 쌓여가는데 출고는 되지 않는 상황을 겪었다.

그 과정에서 고객의 신뢰도 많이 잃었지만, 진정성 있게 해결하고자 모두가 노력했기에 잘 지나올 수 있었다. 공격만 중요한 게 아니라 수성의 위대함을 절실하게 느낀 시기다. 두 차례의 성장통을 겪으면서 이제는 준비를 철저히 하는 것, 기교보다 기본을 더 지키고자 하는 방향으로 선회했다. 감당하지 못하는 기회는 신기루처럼 사라지기 때문이다.

여전히 성장 속도를 물류가 감당하지는 못했지만, 조금씩 가능성이 보이기 시작했다. 이듬해에는 연 매출 300억을 돌파하며 자리를 잡아갔다. 여기저기 업계에 소문이 나고 '이 회사는 돌을 업데이트해도 팔리는 곳'이라는 우스갯소리까지 들렸다.

지금 이커머스라는 비즈니스의 지위로 보면 상상하기 어렵겠지만, 2009~10년에는 업계 1위 매출이 고작 300억 원밖에 되지 않았다. 이것을 '가능성'으로 봤어야 하는데, 시장의 '한계'로 보는 이들이 대부분이었다. 당시는 모바일 환경이 태동하던 시기였고, 스마트폰이 등장하면서 성장은 더 가속화되고 있었다. 나는 그것을 가능성으로 보았고 분명히 더 성장할 거라 확신했다.

압도적인 성장에는 반드시 새로운 플랫폼이 함께하는 법이다. 높은 광고비 부담을 줄이기 위해 대표의 아이디어로 '얼짱만들기'라는 이름의, 포토샵으로 셀카를 보정하는 앱을 출시해 커뮤니티와 연동했다. 그때만 해도 눈매를 보정하는 앱은 이것이 유일했기에 1주일 만에 100만 다운로드를 돌파하더니 한 달도 되지 않아 300만 다운로드, 하루 이용자 10만 명을 넘겼다. 놀라운 성적이었다. 하지만 서버 문제나 자잘한 버그 등을 해결하는 데 많은 비용과 개발이 필요한 단계에서 우리는 해당 앱을 포기했다. 지금 돌이켜보면 무척 아쉬운 선택이다. 스마트폰 자체가 플랫폼이 될 거라는 생각까지는 못했던 것이다. 명백한 우리의 실수다.

그렇게 2000년대 중후반부터 2010년까지, 나는 전쟁터의 장수처럼 치열하게 살았다. 앞에 소개한 두 번의 성공사례가 업계에 소문이 나기 시작하면서 크고 작은 회사들로부터 연락을 받았다. 나를 만나기 위해 무작정 사무실 앞에서 기다리는 분들, 지방에서 여러 차례 찾아온 분들을 지금도 기억한다. 단한 번도 누군가를 찾아가 나를 알린 적은 없지만, 한 번 연결된 우연은 필연으로 만들고자 모든 힘을 다했다.

원룸에서 혼자 PC 앞에 앉아 일하고, 그 일이 끝나면 현장에 나가던 그때의 시간은 컨설팅 에이전시 창업으로 이어졌다. 첫 사업이 남의 사업을 내 것처럼 하는 것에서 시작되었다면, 두 번째는 남의 사업을 돕다 내 사업을 하게 된 셈이다. 지금 '나 코치'라 불리는 것도, 코칭을 받으러 오는 사장님들의 마음을 누구보다 잘 헤아리는 것도 이러한 이력 때문이 아닐까.

2부

파는 흐름
만들기

반드시 관리해야 할
이커머스 수치

물건 정리를 잘하려면 제자리를 잘 찾아줘야 한다고 한다. 그런데 그 전에 잘 버려야 한다. 정리를 못하는 사람들은 우선 버리는 데 서툴다. 물론 버리는 게 말처럼 쉽지는 않다. 살이 쪄서 지금은 안 맞거나, 오래 입을 요량으로 샀는데 유행이 지나서 입지 않는 옷들을 우리는 좀처럼 버리지 못한다.

이럴 때 우리의 선택을 돕는 것이 규칙이다. 일할 때도 마찬가지다. 규칙이 없는 의사결정은 바람직한 결과를 낳을 수 없고, 이것저것 다 해보려다 아무것도 제대로 못하게 된다.

우리가 모든 카테고리와 모든 광고에서 이길 수는 없다. 성공하려면 전선을 단일화해야 한다. 이커머스 업체들은 대체로 시간도 예산도 인력도 충분하지 않다. 무엇 하나 넉넉하지 않은 상황에서는 지출도 가급적 여러 채널에 흩어놓기보다 한 곳에 집중하는 것이 좋다. 새로운 시도를 하지 말라는 이야기가 아니라, 꾸준한 시도를 위해 필요한 리소스와 불필요한 리소스를 구분하라는 것이다. 그러기 위해서는 적어도 다음의 수치는 파악하고 있어야 한다.

#이탈률

수치를 보는 것은 중요하지만, 최종수치인 매출보다 매출을 만들기 위한 선행수치를 잘 이해하고 만들어야 한다고 자주 이야기한다. 그중 하나가 이탈률이다.

고객이 구매 가능한 제품을 찾지 못해 클릭이 발생하지 않고 이탈되는 경우를 '반송률'이라 하고, 구매전환까지 걸리는 평균시간을 1분이라 가정했을 때 1분 이내 구매 없이 이탈하는 고객 수치를 '이탈률'이라 한다. 여기서는 편의상 반송률과 이탈률 모두 이탈률로 표현하겠다.

1분 미만 이탈률이 80%라면 대부분 좋지 않다고 생각하지만 80% 정도면 놀랍게도 평균에 근접하는 수치이고, 70%면 상대적으로 좋은 수치다. 그러나 어디까지나 외부 기준에서 그렇다는 말이다. 방문자 중 80%가 구매하지 않고 이탈하는 것을 내부에서도 당연하게 받아들이면 안 된다. 평균이 그 정도임을 이해하라는 것이지, 인정하고 받아들이고 방치하는 순간 남들과 같아져 도태되기 쉽다.

#유입출처

고객이 어디서 들어왔는지에 따라 이탈률이 달라진다. 신규고객과 재방문 고객의 이탈률이 다르고 유료광고와 무료광고의 이탈률 역시 다르다. 검색광고로 유입되었는데 반송률이 80%라면 해석이 또 달라진다. 유료광고라면 넉넉하게 잡아도 60%는 맞춰야 한다.

유입 출처에 따라 이탈률을 섬세하게 관리해야 하는데, 우선 이탈률이 높다면 카테고리 구성이나 상품의 썸네일 문제일 수 있다. 페이지 뷰view는 높은 데 반해 구매전환율이 낮다면 가격이 높거나, 구매시간이 길거나 상세페이지에 문제가 있을 가능성이 높다.

이와 별개로 유입 출처별로 가장 판매율이 높은 상품을 추천하면 매출은 상승한다. 단기적 개선을 노린다면 유입별 필터링을 통해 수치를 개선할 수 있지만, 확장 가능성을 막는 결과로 이어져 성장이 멈춘다. 장기적 관점에서는 유입 출처를 필터링하기보다 카테고리를 개선하고 보강하는 편이 훨씬 바람직하다. 포기가 아니라 시장 흐름에 맞춰 강점을 만들어가는 것이다.

#이탈비용

왜 수치를 관리하지 않으면 안 되는지 이탈률을 비용으로 환산해보면 이해하기 쉬울 것이다. 단순 계산으로 1인 유입당 비용을 300원이라 하면, 1만 명이 유입해서 80%인 8000명이 이탈하면 손실은 240만 원이 된다. 이탈한 사람을 다시 불러오려면 처음보다 더 많은 돈을 써야 한다. 그 비용을 500원이라 책정하면, 10%만 다시 불러려 해도 리텐션에 50만 원을 추가로 쓰는 셈이다. 합산 손실은 290만 원이 된다. 기타 마케팅 비용 외에 인건비, 관리비 등을 합산하면 손실은 더 불어난다. 한달, 즉 30일을 기준으로 반송되는 트래픽의 가치는 9000만 원에서 1억 원이 넘는다.

"보수적으로 계산해도 1년간 누적되는 손실 비용은 약 10억 원에 달합니다."

많은 이커머스 사업자들에게 '수치'를 강조할 때 하는 말이다. 금액으로 바꾸어 말하면 영업이익을 뛰어넘는 손실이 매일 쌓여가고 있음을 알 수 있다. 돈을 써야 고객을 붙잡아둘 수 있으니 당연한 지출이라고 여기면 개선이 안 된다. 적어도 방문한 고객에게는 판매 가능한 제품을 가장 높은 확률로 보여줘야 하고, 수백 개의 상품 썸네일을 최적화하고 모니터링해야 이탈을 막을 수 있다. 누군가 매년 10억의 영업이익을 낸다면 유능한 사업가일 것이다. 공격이 중요하지만 수성의 가치 또한 잊어서는 안 된다.

#구매전환율

100명이 방문해 한 명이 구매하면 구매전환율은 1%가 된다. 1%의 전환율로 매출 1억을 만든다면, 전환율 2%는 2억이 된다. 결코 적은 수치가 아니며, 실제로 1%를 상승시키기란 매우 어렵다. 신규 방문자가 많아진다는 것은 그만큼 광고비를 많이 지출했다는 뜻이다. 광고로 유입된 고객들에게 다양하고 좋은 상품을 선보여 그물망처럼 고객을 잡아낸다면 전환율은 상승할 것이고, 반대로 구매전환율이 잡히지 않은 상황에서 방문자를 늘리기 위해 무턱대고 광고를 진행했다가는 지출만 늘어나 결국 경영이 어려워질 것이다.

무엇보다 구매전환율이 올라가고 내려가는 것은 광고 흐름을 판단하기에 유용한 신호다. 방문자 수도 비슷하고 특별한 프로모션도 하지 않았는데 구매전환율이 오전에 상승한다면, 오후에 더 많은 광고를 해야 한다. 그렇게 모객해도 좋은 성과를 올릴 수 있을 거라는 신호이기 때문이다.

세상에 없는 제품 대신
세상에 없는 단어를 팔아라

    물건을 사기 위해 이커머스를 찾는 고객이라면 가격에 민감할 수밖에 없다. 물론 충동구매의 영역은 조금 다른 이야기지만, 기본적으로 손해 보는 것을 반길 사람은 없다.

    오프라인 식당에서는 다른 집보다 조금 비싸도 분위기 있는 인테리어나 직원의 각별한 서비스로 상쇄할 수 있다. 훨씬 더 받아도 이유가 있으면 욕을 먹지는 않는다. 반면 웹사이트의 디자인이 세련되었다고 같은 제품에 1000원을 더 지불하라면 흔쾌히 수긍할 사람이 몇이나 될까? 이는 전혀 다른 차원의 문제다.

고객의 이런 심리 때문인지 매출이 오르지 않아 나를 찾아오는 분들 중에는 "제품이 안 팔리는데 가격을 할인해보면 어떨까요?"라고 어렵게 말을 꺼내는 분들이 많다. 제품을 구해다 사이트도 만들고 홍보도 하고 노력도 했는데 안 팔리니 광고비를 높이거나 가격을 낮추거나, 선택의 기로에 서는 것이다.

가격에 대해 조금 더 이성적으로 생각해보자. 싸다는 건 어떤 의미일까? 대부분의 제품에는 준거가격이 있다. 소비자가 구매를 결정할 때 기준이 되는 가격으로 흔히 고객의 과거 경험이나 기억, 외부에서 들어온 정보가 바탕이 된다. 모든 제품의 기준을 정확히 아는 건 아니지만, 사람들의 머릿속에는 대략의 준거가격이 형성돼 있다. 그 가격을 기준으로 제품의 가치를 판단해 살지 말지 결정한다.

가령 일반적인 책상이 10만 원 혹은 12만 원이라면 준거가격의 범위를 넘지는 않을 것이다. 하지만 2만 원이라면? 누가 뭐래도 그건 혁신적으로 싸다. 준거가격보다 5000원 정도 낮은 가격은 혁신이 아니지만 드라마틱하게 싸다면 가격만으로 시장을 쓸어버릴 수 있다.

이케아가 한국에 들어왔을 때를 떠올려보라. 이케아의 모든 제품이 싼 건 아니었지만 조명이나 패브릭 등의 소품은 유사한 한국 브랜드보다 가격 경쟁력이 있었고, 다들 이케아로 몰려가는 이유 중 하나가 되었다. 여기서 포인트는 우리 제품을 이케아처럼 만들자는 것이 아니다. 내가 파는 제품이 준거가격보다 얼마나 저렴한지, 즉 싼 제품인지, 가성비가 좋은 제품인지, 준거가격보다 비싸지만 가치가 있는 제품인지 명확하게 파악하라는 것이다. 이러한 기준이 있으면 내 제품을 어떻게 팔아야 할지가 보인다.

샤넬 백을 사고 나서 "이 가방 원가가 얼마인데 이 돈 주고 사야 해?"라며 화내는 고객은 없을 것이다. 오히려 그 비싼 돈을 주고도 드디어 나도 샤넬 백을 샀다며 인스타그램에 인증샷을 올리는 사람들이 절대다수다. 하지만 껌은 아무리 비싸봐야 껌이다. 가치를 놓고 평가하는 제품이 아니기 때문이다. 이처럼 내가 파는 제품의 가치와 기준을 냉정하게 판단해보라는 이야기다.

이 판단이 끝났다면 가격 대신 '우리 제품에 대안이 있는지'를 봐야 한다. 앞에서 소개한, 넷플릭스와 연결되는 빔프로젝터를 수입한 후배는 자신이 파는 제품의 대안을 찾은 것이다. 다른 대안이 없으면 사람들은 아무리 비싸도 우리 제품을 살 수밖에 없다. 그럼에도 많은 이들이 이성적으로 따져보지 않고 제품이 안 팔리면 가격부터 낮추려 든다.

"대체품 없는 제품을 만드는 게 어디 쉽나요?"

자신 있게 쓰고 나니 사람들의 볼멘소리가 여기까지 들리는 것 같다. 맞다. 세상에 없는 새로운 제품이 그렇게 쉽게 만들어진다면 이 책을 쓰는 나도, 읽는 당신도 진즉에 부자가 되었을 것이다.

하지만 앞에서 '단독'은 파는 게 아니라 만들기 나름이라고 했다. 마찬가지로 고객에게 가격을 낮춰주려고만 할 게 아니라 고객이 '이거 잘 샀다!'라고 느끼게 만들면 된다. 그리고 이런 설득은 생산자보다 판매자가 절대적으로 유리하다.

공장을 운영하는 분들, 직접 물건을 만드는 생산자들은 언제나 자신이 만든 물건이 싸고 좋다고 주장한다. 유통의 한 단계가 생략되면 마진이 줄어드니 싼 것은 맞다. 이러한 자신감에 생산자는 돈을 벌면 설비부터 마련한다. 어장을 하는 분들이라면 어장을 하나 더 계약한다. 보이는 것에 대한 투자다. 어장을 하나 더 만들면 생선 100마리를 더 키워서 팔 수 있고 납품하면 얼마를 더 벌 수 있을 거라는 확신을 갖는다. B2B의 영역이다.

반면 판매자는 콘텐츠를 잘 만든다. 우리가 페이스북에서 보는 광고도 콘텐츠의 영역으로, 콘텐츠가 좋으면 적은 비용으로도 광고가 터진다. 판매자는 수익률로 움직이는 게 아니라 도달률로 이야기한다. B2C의 영역이다. 누가 성공한다고 무 자르듯 나눌 수는 없지만, 확률상 온라인에서는 결국 콘텐츠에 강한 사람들이 살아남는다. 온라인에서 장사 잘하는 사람은 대개 콘텐츠를 잘 만드는 사람들이며, 이커머스에서는 생산자가 아닌 판매자의 DNA가 절대적으로 중요하다. 고객의 인식을 파고들 수 있기 때문이다.

인식을 만드는 방법

우리 제품에 대한 인식을 바꾸면 해결된다고 하지만, 인식의 벽만큼 높고 단단한 것은 없다. 반면 이를 거꾸로 적용해, 변하지 않는 인식을 활용하면 새롭게 느껴지는 상품을 만들어낼 수 있다.

LED를 예로 들어보자. 과거 LED는 백열등이나 형광등보다 전기효율이 높아 전기료를 줄여주는 조명으로만 인식되었는데, 피부미용에 좋다는 새로운 사실이 알려지면서 LED 마스크라는 고부가가치 비즈니스가 생겨났다. 그 인식을 영리하게 활용한 것이 LED 칫솔로, (당연히 조명이 아닌) 셀프 미백케어를 강조해 히트를 쳤다. 그 회사는 과연 처음부터 연구에 연구를 거듭해 미백효과를 입증해서 LED 칫솔을 만든 것일까? 모르긴 몰라도 그렇진 않을 것이다. 고객들의 머릿속에 이미 자리잡은 LED의 인식을 빌려 제품을 만든 것이다.

일례로 이플래쉬의 유아용 LED 칫솔은 '8억 칫솔'이라는 애칭을 내세운다. 미국 어느 연구기관의 발표에 따르면 치아 한 개의 경제적 가치는 3000만 원에 이른다. 우리 입안에는 28개의 치아가 있으니 약 8억의 가치가 있는 셈이다. 이 소중한 치아를 관리하기 위해 치약에는 자일리톨 성분을, 칫솔에는 LED 기능을 넣었다고 설명한다.

치아에 8억의 가치가 있다는 것은 이플래쉬가 자체 연구한 내용이 아니다. 외부 기관이 한 연구를 가져온 것이다. LED에 미백효과가 있다는 것은 LED 마스크 회사의 노력으로 많은 소비자들이 알고 있는 바다. 나아가 자일리톨이 치아에 좋다는 것은 모르는 사람이 없을 정도로 상식이 되었다. 이 브랜드가 자일리톨을 놓고 수십 년 연구를 거듭한 결과가 아니다. 거대기업이 만들어둔 인식을 가져와서, 자일리톨이 가진 기존의 이미지를 차용해 우리 제품의 인식을 높인 것이다.

로사퍼시픽이 출시한 '랍면'도 마찬가지다. 모든 대기업이 시도했지만 고전을 면치 못했던 프리미엄 라면 시장에서, 랍스터와 라면의 조합으로 만든 랍면은 단기간에 수백만 개가 넘는 판매고를 올렸다. 외부의 프리미엄 이미지를 빌려오느라 로열티를 지불하는 대신, 랍스터라는 고급 식자재의 인식을 활용해 고급 라면의 문턱을 넘은 것이다.

앞서 말한 것처럼 인식을 바꾸거나 만들기 위해서는 많은 시간과 자금이 들어간다. 그런데 높은 벽처럼 느껴지는 인식을 넘으려고만 할 게 아니라 우리 제품에 활용한다면? 굳게 잠긴 빗장은 밖에서 아무리 열려고 해도 풀리지 않는다. 관점을 바꾸어 빗장을 안에서 열도록 해보자. 스스로 성문을 여는 것은 어려우나 성에 들어가는 사람의 도움을 받으면 무혈입성할 수 있다.

이커머스에서 인식을 활용하는 방법으로 가장 좋은 것은 '단어'를 파는 것이다. 이를테면 제품을 기획하는 단계에서 미리 고객들이 부를 애칭을 붙이는 식이다. '8억 칫솔'이 좋은 예다. '온장고바지'는 겨울용 남자 트레이닝 팬츠로, 입으면 체감 온도가 5도 올라갈 만큼 따뜻하다는 바지다. 한 번 베면 끊을 수 없다는 뜻의 '마약베개' 역시 많은 이들이 아는 히트 단어다. 마약베개가 히트 치자 질 좋은 수면을 유도하는 제품으로 '요술베개', '무중력 베개' 등이 뒤따라 등장하기도 했다. 이처럼 고객의 언어를 활용한 직관적인 애칭을 상품명으로 만들면 이른바 대박 상품이 터질 확률이 높아진다.

그러려면 기획단계에서 고객의 인식을 바꾸는 단어를 만들어내야 한다. 어렵게 접근할 필요도 없다. 우리 제품이 고객 니즈를 충족해주는 포인트를 상세페이지나 영상 콘텐츠로 만든다고 생각하면 된다.

일례로 '딥트3일'이라는 다이어트 제품의 웹사이트를 보면 '과학적으로 설계된 역대급 3일 관리 프로그램'이라는 문구가 붙어 있다. 다이어트를 희망하는 사람은 십중팔구 단기간에 살을 빼고 싶어 하는데, 고객은 이 '3일'이라는 단어에서 금방 감량효과를 볼 수 있을 거라 기대하게 된다. 치열한 다이어트 시장에서 고객의 결핍을 저격한 딥트3일의 히트는 어찌 보면 당연하다 하겠다.

세상에 팔 수 있는 것은 다양하다. 때로는 단어를 잘 조합하는 것만으로도 우리가 판매하는 제품이 특별해진다. 순식간에 대안이 없는 유일한 제품이 되는 것이다.

　인식의 중요성을 하나 더 언급하자면, 가격할인이야말로 가장 따라잡기 쉬운 요소 중 하나다. 네이버쇼핑만 검색해도 어떤 물건을 어느 사이트에서 얼마에 파는지 단번에 알 수 있다. 가격할인은 아무나 따라 한다. 순식간에 따라 한다. 가격뿐 아니라 제품도 금세 따라잡힌다. 샤워필터만 해도 염소제거 필터, 녹물제거 필터, 비타민 샤워필터, 이온 필터 등 비슷한 제품이 수백 가지가 넘는다. 대안이 수도 없다는 얘기다. 잘나가는 식당이야 따라 한다 해도 자리를 계약해서 점포를 얻고 인테리어를 하고 직원을 뽑고 교육도 시켜야 해서 시간이 걸리지만, 이커머스는 제품만 업로드하면 되기 때문에 단시간에 따라잡을 수 있다.

　안 팔릴 때 가격부터 낮추는 것은 전형적인 생산자의 DNA다. 생산자가 아닌 판매자의 DNA로 돌아와서 생각해보면 가격을 할인하지 않고도 모든 것을 팔 수 있다. 이것이 바로 이커머스의 묘미이고 전략이자, '세상에 없는 단어'를 만드는 기획에 집중해야 하는 이유다.

판매자는 제품이 아니라 콘텐츠를 만드는 사람이다. 여전히 경쟁자들이 할인경쟁에만 골몰할 때 당신만의 경쟁력을 전해 줄 단어를 찾자. 그럼으로써 '싼 곳은 반드시 싼 이유가 있다'는 인식을 고객들에게 심어주자.

매출을 바꾸어줄
목적구매와 충동구매

책상 앞을 지켜야 하는 회사원이라면 누구나 어깨와 허리, 손목 통증 등 근골격계 질환 하나쯤은 안고 있을 것이다. 나 또한 예외는 아닌 데다, 군대에서 허리를 다친 적이 있어서 심각하진 않아도 가끔씩 허리가 아프다. 그래서인지 얼마 전 SNS 피드에 국민 체조요정이 광고하는 '자세교정 좌식의자'가 뜨자 나도 모르게 클릭을 하게 됐다. 구매로 이어지지는 않았지만.

이 의자를 내가 샀다고 가정해보자. 허리가 아프지 않으려면 바른 자세로 앉아야 한다는 무의식 때문에 무심코 클릭하

였으니 충동구매로 봐야 할까, 아니면 건강을 챙기겠다는 의도로 클릭한 것이니 목적구매로 봐야 할까? 충동적으로 의자를 사러 매장에 들어갔다가 얼마 전부터 부모님 선물로 사려고 했던 안마기까지 사서 나왔다면 목적구매가 아닐까? 어느 쪽이든 맞는 말일 것 같다.

이커머스에서 물건을 사는 고객의 구매패턴은 크게 두 가지, 목적구매와 충동구매로 나뉜다. 그러나 목적구매와 충동구매를 딱 잘라 구분하기가 말처럼 간단하지는 않다. 여기서는 우리 고객의 구매패턴이 목적구매에 가까운지 충동구매에 가까운지, 그 속성을 파악하고 대처하는 연습을 해보자.

목적구매는 말 그대로 목적이 있어서 구매하는 것이다. 취미로 로드 자전거에 입문한 사람이 헬멧을 사기 위해 검색에 검색을 거듭하는 것은 목적구매다. 이런 경우 고객은 사전에 미디어나 커뮤니티 등을 통해 이미 제품에 대한 정보를 얻은 후 촘촘한 비교를 거쳐 물건을 구매한다. 휴지나 세제 등의 생필품을 사는 것도, 어버이날 선물을 사기 위해 검색을 하는 것도 목적구매의 여정이다. 초등학교에 입학하는 자녀를 위해 책가방을 사는 것 역시 필요해서 사는 것이므로 목적구매다. 따라서 목적구매의 광고는 '정보'를 착실히 제공해야 하고, 검색에 필요한 키워드 위주로 이루어진다.

목적구매의 강점은 초등학생 책가방, 밸런타인데이 꽃 선물, 중학생 졸업선물 등 검색창에 넣어서 웹사이트로 유입되는 키워드가 엇비슷하므로 비교적 데이터 해석과 운영이 쉽다는 것이다. 목적을 가진 사람들이 들어오는 만큼 고객이 지속적으로 쌓이는 장점도 있다. 반면 시장의 규모가 대략 정해져 있어 단번에 큰 매출을 만들어내기는 어렵다.

이와 반대로 구매할 계획은 없었지만 모객과정이나 접객단계에서 필요성을 느껴 즉흥적으로 구매하게 되는 것이 충동구매다. 없어도 생활하는 데 문제가 없는 제품으로 다이어트 식품, 붓기를 빼주는 스타킹, 자극적인 카피로 후킹하는 물건들이 대개 이런 경우다.

전통적인 비즈니스에서는 대형마트의 타임세일이나 홈쇼핑이 충동구매의 대표적인 사례였다면, 최근에는 SNS 영역에서 많이 유도된다. 소셜미디어의 피드를 내리다 유행하는 디자인의 운동화가 떠서 클릭했더니 갑자기 그 브랜드의 자사몰로 연결된 적이 있을 것이다. 찰나에 의사결정이 이루어지는 만큼 충동구매는 정보 전달도 중요하지만 유혹을 시각적으로 표현하는 능력이 있으면 훨씬 유리하다.

충동구매는 주로 단일 제품을 다루므로 효율만 잘 나오면 많은 판매가 가능하지만, 일회성 구매인 만큼 지속적으로 쌓이는 구조는 아니다. 또한 콘텐츠를 빠르게 소모하므로 콘텐츠 운영 능력을 갖추어야 한다.

앞에서 말한 것처럼 목적구매와 충동구매는 서로 밀접하게 영향을 미치기에 먼저 내 상품이 어디에 해당하는지 아는 것이 중요하다. 물론 장기적인 관점으로 보면 둘 다 잘 활용해야 성장할 수 있다.

체류시간은 고객과의 보이지 않는 '밀당'이다

목적구매와 충동구매의 구분과 전략이 중요한 이유는 고객이 우리 사이트에 머무는 체류시간과 밀접하게 관련되기 때문이다.

식당에 들어온 손님이 오래 머물면 그만큼 음식을 많이 시키고 매출도 오를 거라 생각하기 쉽지만 꼭 그렇지만은 않다. 때로는 빨리 먹고 나가는 것이 회전율이 좋아져 매출상승에 유리할 수도 있다.

마찬가지로 우리 사이트에 오래 머무는 것이 꼭 좋은 것만은 아니다. 유혹하는 콘텐츠를 보고 고객이 들어온다면 오히려 체류시간이 짧은 편이 좋다. 충동구매의 경우에는 물건을 단시간에 구매하도록 설계되어야 하며, SNS 광고로 유입된 고객이라면 상세페이지를 약 20~30%만 보고 바로 구매하도록 하는 것이 좋다. 즉 고민하지 않고 즉시 사거나 마음이 변하기 전에 장바구니에 담게 하는 것이 더 바람직하다는 얘기다.

반면 목적구매로 들어온 고객이라면 체류시간이 길수록 바람직하다. 등산화라는 특정 키워드로 검색해 들어왔는데 마음에 드는 제품이 너무 많아서 이것저것 보다 보면 체류시간이 늘어나고, 애초 사려 했던 것보다 물건을 더 많이 살 확률이 높아진다.

나를 찾아오는 이커머스 운영자들 중에는 포털 광고와 SNS 광고 중 어느 쪽에 주력해야 하느냐고 묻는 분이 적지 않은데, 이 또한 고객의 구매패턴과 떼놓고 생각할 수 없다. 기존의 광고는 상세페이지까지 데려가는 게 중요했다면, 요즘은 콘텐츠로 제품을 알리는 미디어커머스가 대세다. 영상을 보고 그 자리에서 제품을 구매하는 식이어서 구매결정 시간이 짧아졌다.

당연히 충동구매의 성격이 강하다. 반면 상세페이지에서 꼼꼼하게 살피는 포털 광고는 목적구매에 더 적합하다. 즉 검색에 의한 목적구매가 메인인 스토어팜은 포털의 성격에 맞게 운영하고, 자사몰은 SNS 광고의 영역으로 운영하는 것이 좋다.

이는 객단가를 높이는 방법과도 연결된다. 카디건을 사러 들어갔는데 사이트의 제품이 너무 좋거나 구성이 다양해서 티셔츠와 바지까지 사고 나온 경험이 있을 것이다. 따라서 목적구매 고객을 타깃으로 하는 사이트라면 구색을 맞추어 다양한 상품을 보여주는 구조를 짜는 것이 중요하다. 카테고리를 보고 무얼 살지 모르겠다는 마음이 들 만큼 이곳은 살 게 많다는 느낌을 줄 필요가 있다.

우리 고객을 얼마나 오랫동안 어떤 방식으로 붙잡아둘 것인지에 따라 사이트의 기획과 구성도 달라진다. 포털의 메인에 누구나 관심 가질 만한 자극적인 기사가 떴을 때 어떻게 반응하는가? 평소라면 그냥 지나쳤을 내용인데도 시간을 들여 계속 눌러보게 된다. 이것이 바로 웹사이트의 썸네일이 해야 하는 역할이다. 즉 페이지뷰를 증가시켜 체류시간을 늘리는 것이다. 유입되는 키워드에 따라 차이는 있겠지만 상품진열, 썸네일, 카피만 잘 잡아두어도 체류시간이 늘어난다.

이때 클릭만 할 뿐 끝까지 읽지 않고 나가거나 구매로 전환되지 않는다면 그만큼 고객의 관심을 끄는 데 실패한 것이므로 상세페이지를 다시 점검해야 한다. 처음 고객이 유입된 페이지가 카테고리인지 상세페이지인지에 따라 콘텐츠의 방향은 또 달라질 수 있다.

내가 활동하는 플랫폼의 정체도 중요하다. 펀딩 플랫폼인 와디즈에 론칭한다면 창업자의 프로젝트라는 특성을 고려해 상세페이지에 제품 정보 외에도 고객의 기억에 남는 스토리를 심어주어야 한다.

당신은 어떤 고객을 기다리고 있는가? 그들은 왜 우리 사이트를 방문하는 것일까? 그들을 설득할 멘트는 준비되어 있는가? 좋은 상세페이지에 대해 좀 더 자세하게 이야기해보자.

클릭과 설득,
팔리는 상세페이지를 만들어라

온라인으로 제품을 판매하는 이커머스 사업자라면 고객을 상대하기 전에 상세페이지의 역할부터 확실히 알아야 한다. 제품의 상세페이지는 우리가 오프라인에서 고객을 대하는 것, 즉 접객의 역할을 한다.

연인이 싸우는 이유는 대개 표현 때문이다. 아무리 좋아해도 말하지 않으면 상대방이 내 마음을 알아줄 확률은 0에 가깝다. 판매도 마찬가지다. 아무리 좋은 제품을 '착한' 가격에 공수해와도 표현력이 부족하다면? 줄 수 있는 혜택을 최대한 준비해도 제대로 전달하지 못한다면? 모든 노력이 허사가 된다. 다양한 사업자들을 만나며 절감하는 문제 중 하나가 바로 고객과의 소통이다. 잘난 척을 하려면 확실히 해야 하는데 애매하게 하니 고객이 끌릴 리 없고 매출이 오를 리 없다.

온라인에서 고객과 원활히 소통하려면 상세페이지를 잘 만들어야 한다. 그런데 고민이 된다. 유명 사이트를 보면 사진도 멋지고 포토샵도 잘돼 있고 글씨체도 예쁘던데, 컴퓨터부터 배워야 하나? 담당 직원을 구해야 하나? 모두 필요한 고민이지만 그 전에 목적 있는 구성을 잡는 것이 먼저다. 업종과 플랫폼에 따라 다양한 경우의 수가 존재하겠지만, 상세페이지 기획을 잘하는 법에 대해 간략히 정리해보았다.

1. 완주하는 습관

좋은 상세페이지의 역할은 첫째도 둘째도 매출 증대다. 그러기 위해서는 상세페이지의 전체 흐름을 구성하는 것이 가장 중요한데, 보고 들은 것이 많아서 눈만 높아지고 구현할 실력과 경험은 부족한 경우가 대부분이다. 그래서 몇 번 시도해볼까 하다가 지레 겁먹고 포기하기 일쑤다.

당신이 본 멋있는 상세페이지들은 프로가 만들었을 가능성이 높다. 매출이 오르는 상세페이지를 만들려면 먼저 전체 흐름을 만들고 완주하는 습관을 길러야 한다.

끝까지 해봐야 하는 이유는, 그래야 흐름을 보는 안목이 생기기 때문이다. 50m, 100m를 끝까지 달려봐야 마라톤을 완주할 수 있다. 꼴등이어도 좋다. 동네 뒷동산을 여러 번 오르락내리락하는 것이 히말라야 등정을 꿈꾸며 정보를 뒤지고 시간을 허비하는 것보다 바람직하다. 적어도 사업에서는 그렇다. 초기에는 거창할 필요가 없다. 더 작게 시도하고 작게 시련을 겪어야 쉽게 일어설 수 있다.

2. 전체 흐름 읽기

여러 번 흐름을 완성해보면 적어도 해당 분야에서는 전문가가 될 수 있다. 남을 가르치는 실력자가 될 수 있다. 단기간 내에 그런 일이 가능하냐고? 봉준호 감독 영화를 봤다고 일반인이 그런 수준의 영화를 만들 수 있는가? 애초에 불가능한 일이다. 상세페이지와 웹사이트 제작도 마찬가지다. 감각과 노력에 시간이 쌓여야 한다. 초반부터 완벽을 기하다 보면 부족한 부분만 계속 눈에 보이고, 마음에 들지 않는 부분을 고치다

시간만 낭비하기 십상이다. 처음부터 완벽함을 추구하지 말고, 할 수 있는 만큼만 하자.

3. 문서로 흐름 만들기

문서 항목을 정해놓고 각각의 목적과 콘텐츠 예시를 작성하는 것이 '흐름'을 만드는 과정이다. 매우 단순하다. 먼저 글로 구성을 잡은 후, 비슷한 분야 웹사이트의 이미지로 시안을 만들어본다. 핀터레스트나 경쟁사의 상세페이지를 보다 보면 디테일 이미지가 훌륭하거나 모델 컷이 인상적이어서 눈길이 갈 때가 있을 것이다. 가장 좋은 이미지들을 찾아서 구성해둔 순서에 맞게 나열하면 된다.

글로 한 번 완성하고, 남들이 만들어놓은 이미지로 상세페이지를 만들었으니 흐름을 벌써 두 번 완성한 것이다. 이 작업은 여러 명이 필요하지도 않고 초보자라도 당장 할 수 있다. 디자인 능력이 없어도 된다. 이것만으로도 디자이너에게 좋은 작업 지시서가 되며, 디자인 인력이 교체되더라도 곧바로 작업을 시작할 수 있는 지침이 된다.

4. 흐름 완성하기

이제 다 왔다. 복사하고 붙여넣기만으로 예비 상세페이지 하나가 완성된다. 심지어 언제든 더 좋은 이미지를 발견하면 변경할 수도 있고, 구성 순서를 바꾸어도 된다. 어떤 느낌을 참고해서 만들면 될지 파악했기 때문이다. 놀라운 건 이쯤 되면 타 웹사이트의 페이지가 어떤 목적으로 만들어졌는지 그 흐름이 보인다는 것이다. 작게라도 직접 흐름을 만들어본 덕분이다. 큰 산은 모르겠지만 일단 동네 뒷산은 길잡이가 가능한 수준이 된 셈이다.

5. 문서 완성하기

오른쪽은 LED 마스크의 상세페이지를 구성한 예시다. 어설퍼도 괜찮다. 내용을 채우고 디자인은 좋은 옷을 입히면 된다. 먼저 작게 완성하는 것이 중요하다는 사실을 잊지 말자. 이런 방법은 기술자가 아니라도 가능하며, 포토샵 없이도 출력만 할 수 있으면 당장 실행할 수 있다. 타인에게 의지하지 말고 본인이 할 수 있는 일을 하면서 전체 흐름을 작게라도 완성해가야 한다. 부족해도 괜찮다. 부끄럽다고 실행하지 않는다면 장사에

순서	목적	내용	콘텐츠 예시	헤드카피	바디카피
소구점 다른 제품과 다름을 강조	유혹	비교적 좋은 점		읽는 글이 아닌 보이는 글 (고객 관점)	전문가 관점으로 설명해주는 글 (감정선이 중요)
비주얼 이미지	신뢰	스틸컷			
		영상			
		제품 컷			
제품에 대한 설명 (설득을 통해 구매에 확신이 들도록 하는 정보)	설득 확신 (두려움 제거 특장점)	제품구성			
		제품 디자인		가볍고, 답답하지 않은 디자인	개방형 디자인
		해외 셀럽	인스타그램 등 셀럽 자료	해외에서 먼저 입증 된 기술력	이미 해외 셀럽들이 찾는 1세대
		가성비	2개의 디바이스 들고 있는 사진1 구성 뷰티컷1	얼굴과 목까지 하지만 가격은 착하게	뛰어난 기술력에 합리적인 가격까지 우리는 고객의 고민 을 같이했습니다.
		상장사	제품 제조 과정 이미지	코스닥 상장사 20년 노하우의 안전성	20년 제조기술의 노하우
		빛	그래픽 이미지	더 넓은 더 깊은 빛	와이드 플레이트가 더 깊고 강하게 침투한다
		효과(리뷰) 베스트리뷰 5건	실유저 이미지 리뷰		
상세정보	정보제공 및 안전성	임상효과	자료요청	입증된 개선효과	
		인증내역	자료요청	안구 안전성	
		특허 및 기술	자료요청	20년 노하우 기술	
		앰플	제품 뷰티컷	24k골드 자료요청	
		하우투	픽토그램		
		셀럽 리뷰			

LED 마스크 상세페이지 구성 예시

소질이 없는 것이다. 완벽을 기한다고 시간을 허비하느니 하루라도 먼저 세상에 내놓고 조금씩 깎아 나가자.

6. 충분한 자료조사

내가 속한 카테고리의 좋은 이미지들을 틈틈이 모아 콘텐츠 예시항목에 추가해두면 디자인과 촬영의 기준이 된다. 일종의 콘티다. 링크를 넣어도 좋고 이미지를 붙여넣어도 좋다. 좋은 안목은 많이 보아야 생기기 때문에 초보자라면 반드시 매일의 목표치를 정해두고, 정해진 브랜드 자료를 검색하고 보기를 게을리하지 말아야 한다.

7. 헤드카피와 바디카피 작성하기

이제 마지막이다. 헤드카피는 읽히는 글이 아니라 보이는 글이며, 바디카피는 읽어야 하는 글이다. 어렵게 생각하지 말자. 뇌는 단어를 이미지화해 받아들이므로 헤드카피는 고객 관점으로 접근해야 하며, 바디카피는 전문가 관점으로 내가 제품에 대해 하고 싶은 말을 넣어주면 된다. 전문가가 컨설팅하는 것처럼 말하는 것도 중요하다. 가령 의류의 경우 '이 스타일에는 이런 신발이 어울린다'처럼 본인이 알려주고 싶은 정보를 듣는 대상에게 설명하는 내용이 들어가는 것이다. 이로써 상세페이지가 당신 손에서 완성되었다.

광고는 아껴도
광고비는 아끼면 안 되는 이유

기존의 사업자들을 코칭할 때 가장 어려운 것은 '관점'의 전환이다. 이제 막 사업을 시작한 초보 창업자나 실무자들은 아무래도 남의 의견을 받아들이려는 성향이 강한 반면, 사업을 어느 정도 해온 분들은 스스로 최선을 다했다고 믿기에 자신의 의견을 고수하는 경향이 있다. 하지만 관점을 바꾸는 것만으로도 생각이 바뀌고, 생각이 바뀌면 행동이 달라진다. 자연히 매출도 달라진다.

이를테면 이커머스에서 가장 고민이 많은 영역 중 하나가 광고다. 사업을 하다 보면 광고를 놓고 이러지도 저러지도 못하는 상황에 빠진다. 광고비를 굳이 많이 쓰려는 사람은 없지만, 광고를 돌릴 때와 그렇지 않을 때의 판매가 너무 다르기에 어쩔 수 없이 광고를 집행하게 된다.

광고를 집행하는 사업자와 담당자들의 바람은 당연히 적은 광고비로 좋은 자리에 노출되는 것이다. 그러나 이 당연한 생각을 의심해보자. '싼 게 비지떡'이라는 말은 오프라인과 온라인 모두에 해당된다. 사람들에게 노출되어 팔릴 상품이라 생각한다면, 좋은 자리에는 비싼 광고비를 지불하는 것이 좋다. 아니, 기꺼이 그래야 한다.

다양한 광고를 집행하다 보면 같은 상품도 노출 영역에 따라 효율이 천차만별인 것을 알 수 있다. 포털의 검색광고도 키워드별로 효율이 다르고, 배너 광고도 어디에 어떻게 보이느냐에 따라 효율이 달라진다. 세부 광고 영역까지 포함하면 경우의 수는 더욱더 많아진다. 이 다양한 광고 중에 우리와 맞는 영역이 있고, 더러는 운 좋게 그 자리를 낮은 가격에 차지할 수도 있을 것이다. 그러나 대개의 경우 좋은 자리의 광고는 금세 사람이 몰리고 가격이 오르게 돼 있다. 정해진 이치다.

뉴욕 타임스퀘어 전광판 광고와 지하철 광고를 비교해보라. 효율을 떠나 전자가 더 비쌀 것이다. 상대적으로 가치가 더 높기에 비싸게 팔리는 것이다. 페이스북도 다르지 않다. 편의상 페이스북 광고라 통칭하지만 그 안에도 다기다양한 광고 영역이 존재한다. 그리고 플랫폼으로서 페이스북은 자연히, 소비자 피드백을 체크하며 좋은 콘텐츠와 광고를 더 많이 노출시킨다.

많은 광고 담당자들이 그렇듯 페이스북에 '저렴한 가격과 좋은 자리'라는 원칙으로 광고한다고 해보자. 대개는 낮은 비용으로 고객을 획득해 수익률을 올리는 쪽으로 운영하게 된다. 업종과 상품별로 차이가 있지만 고객의 유입 자체로는 수익으로 직결되지 않는다면, 결국 우리에게 수익이 일어나는 행동을 고객이 하거나 우리가 그러한 행동을 유도해야 한다는 결론이 나온다. 어떻게든 구매전환율을 높여야 한다는 뜻이다. 그런데 이게 실제로는 어떤 결과로 나타날까?

내가 일하는 서울벤처스에서 A라는 브랜드 광고를 운영한 적이 있다. 앞에서 말한 것처럼 관점을 바꾸는 것만으로 광고 효율이 개선되는 효과를 거뒀다. 애초에 A브랜드는 유입 비용(CPC)을 낮춰 운영해 수익률이 100% 대에 머물고 있었다. 그러다 유입당 비용을 높이자 도달률은 4분의 1로 줄어들고 클릭률도 3분의 1 토막이 났다. 그런데 정작 방문자 대비 구매율은 더 올랐다. 전체 방문자는 줄었지만 양질의 고객들이 방문해 더 많이 구매했다. 즉 유입 가치가 상승한 것이다. 유입 가치가 상승하면서 자연히 노출 대비 클릭률도 높아졌고, 구매당 광고비용은 오히려 낮아졌다. 광고비 대비 수익률도 첫 주에 1091%를 달성하며 큰 폭으로 올랐다. 좋은 영역을 제값을 주고 구매한 결과다.

어떤가. 물론 다른 노력도 없지 않았지만 제값을 지불한 광고 덕에 상품은 더 많이 팔리고 총 광고비는 오히려 낮아졌다. 이것이야말로 관점의 변화와 맞닿아 있지 않은가. 많은 사업자가 광고비를 회사의 비용/이익이라는 관점으로만 바라볼 뿐, 플랫폼이 좋아하는 행동의 관점에서는 생각하지 않는다. 상대가 무얼 좋아하는지, 그들에게 이익이 되는 행동이 무엇인지 생각하면 결론은 단순해진다. 페이스북이 싫어하는 행동은 돈 내지 않고 광고하는 것과, 낮은 가격으로 광고하는 것이다.

인스타그램 광고, 잦은 노출이 해답은 아니다
온라인 광고 중에서는 인스타그램을 빼놓고 말할 수 없다.

많은 사람들이 인스타그램 광고를 '잦은 노출'이라는 관점으로 바라본다. 틀린 이야기는 아니지만 이 역시 관점을 바꾸어볼 필요가 있다.

가까운 지인이 남양주 팔당댐 근처의 매운탕집을 임대, 새롭게 단장해 카페를 오픈했다. 초기에 광고를 해서 알려야 하는 상황이지만 광고예산도 넉넉지 않았고, 차가 없으면 방문하기 어려운 입지라는 난점이 있었다. 첫째 달은 지인들이 많이 찾아주어 선방했지만 둘째 달부터 사람이 빠지기 시작하더니 손님이 눈에 띄게 줄었다.

나는 고민하는 지인에게 두 가지 솔루션을 제안했는데 그중 하나가 '서울근교 데이트'라는 키워드였다. 당시 공원을 무단 점거해 강제로 철거된 다른 유명 카페의 수요를 키워드에 반영하자는 의견도 있었지만, 지속가능한 솔루션이 아니라고 보았다. '서울근교 데이트'는 검색량과 조회수가 높아 커플들의 수요가 분명한 것에 비해 노출되는 업체는 많지 않았다.

다음으로는 키워드와 관련된 포스팅에 주력했다. 블로그 체험단을 통해 해당 키워드를 채워가는 작업에 몰입한 결과, 오픈 3개월 만에 카페는 핫플레이스가 되고 자리가 없어 하루에 수백 대의 차량이 돌아갈 정도로 많은 인파가 몰렸다. 덩달아

근처 땅과 건물의 가격이 5배가량 치솟더니 결국 그 일대가 카페 거리가 되었다.

이런 대박이 키워드 선점만으로 가능했을까? 물론 대중에게 먹힐 만한 키워드에 집중한 결과이기도 하지만 그것만은 아니다. 비결은 다름 아닌 상품과 서비스의 진정성에 있었다. 바닥재에 관한 이야기, 목수 친구가 모든 테이블을 만들어준 이야기, 이태리에서 공수해온 인테리어 소품, 사진작가 친구의 그림과 음식에 대한 스토리까지, 그 카페는 이야기가 넘쳐나는 공간이었다.

지인은 공간에 대한 애정과 관심만큼이나 체험단을 진심으로 대했다. 대개 블로그 체험단에 공간이나 음식을 제공할 때는 어떤 해시태그를 사용해서 어떤 사진을 올려달라고 시시콜콜 주문하기 마련인데, 지인은 있는 그대로의 사연만 전했다. 체험단 역시 대부분 파워블로거라기보다는 평범한 사용자에 가까웠지만, 성의를 다해 글을 쓴 덕에 전반적으로 카페 후기의 수준이 월등히 높았다. 그 후 인플루언서나 연예인들이 자연스럽게 찾을 정도로 입소문이 퍼져, 지금도 인스타그램에 '남양주 카페 요새'를 검색하면 수만 개의 포스팅이 올라온 것을 확인할 수 있다.

카페를 예로 들었지만 온라인에서 상품을 론칭할 때도 마찬가지다. 단순히 유명인에게 제품을 협찬하고 싶다고만 할 게 아니라 이에 대한 사연과 제품에 대한 애정이 함께 전달되어야 한다. 조금은 지루하고 빤한 결론일 수 있지만, 같은 홍보를 진행해도 어디는 효과를 보고 어디는 전혀 효과를 보지 못하는 것은 방법이 다르기 때문일 것이다. 다시 한 번 말하지만 관점은 생각을 바꾸고, 생각은 행동을 바꾼다.

목적 있는 기획,
이유 있는 마케팅

　가끔 고민거리를 안고 찾아오는 분들과 상담하다 보면 가장 좋지 않은 행동이 '잘못된 문제'를 찾아 해결하려는 것임을 실감하게 된다. 무엇이 문제인지를 정확히 짚지 못하니 잘못된 솔루션을 찾게 되고, 자칫 아무것도 안 하느니만 못한 결과를 낳는다.

　만일 홍대에서 40~50대 구매자의 신용카드 결제율이 높다는 데이터만 보고 그들을 대상으로 판매촉진 활동을 짠다면 어떨까? 조금만 현장 중심으로 생각해보면 신용카드를 발급받기 어려운 스무 살 안팎의 젊은 층이 부모님 카드를 받아서 쓴다는 사실을 알 수 있을 것이다. 목적과 기준이 분명해야 데이터에 매몰되지 않는 분별력을 갖출 수 있다.

강점을 더 강화해야 할지 약한 상품군을 보완해야 할지 물어보는 분들도 많다. 둘 다 잘하면 좋겠지만 대부분은 그러기가 여의치 않으니 고민하다 전자에 힘을 실을 때가 많다. 가령 구매전환율이 높은 키워드나 매체에 더 집중하면 비교적 안정적으로 매출을 올릴 수 있다. 그러나 새로운 소셜커머스의 등장처럼 흐름 자체에 변화가 일어나는 시기에는 상품 보완에 포커스를 맞춰야 한다. 이때에는 기존 고객이 좋아할 만한 상품 구성으로 낮은 객단가를 보완하기보다는 플랫폼 성격에 맞는 상품을 새로 구성하는 능력이 필요하다.

이처럼 목적에 따라 요구되는 전략과 역량이 달라진다. 지금 당장 유행하는 제품을 팔거나 최저가를 확보하면 단발성 매출 증대에 도움이 된다. 반면 희소한 아이템은 지속적인 성장에 도움이 된다. 시장을 확장하고자 한다면 새로운 플랫폼에서 신규고객을 지속적으로 데려와야 한다. 즉 자신의 원하는 방향이 무엇인지 뚜렷해야만 그에 맞는 전략이 나온다. 나는 늘 기획의도가 명확해야 꾸준한 매출이 발생한다고 강조한다. 잘 팔리는 환경은 누가 조성하는 것이 아니라 우리 스스로 만드는 것이다.

어느 사장님이 디자인은 다소 떨어지지만 수십억 매출을 올리는 웹사이트를 보면서 "이 업체는 왜 잘되는지 모르겠어요"라고 물어본 적이 있다. 그 이유를 모르기 때문에 어려움을 겪으시는 것이라 정중하게 말씀드렸다. 사이트의 디자인이 중요하긴 하나 그렇게 덜 예쁘게(?) 기획한 데에는 이유가 있을 테고, 잘나가는 원인은 분명 존재할 것이다. 나는 이를 '목적 있는 기획'이라 부른다.

웹사이트는 오프라인 매장과 달리 언제든 구조와 배치를 수정할 수 있기에 실효성이 떨어지고 손해가 나면 즉시 되돌릴 수 있다. 즉 더 많이 시도해도 된다. 그럼에도 기획에는 반드시 목적이 있어야 하고 마케팅에도 이유가 있어야 한다. 실패한 기획은 원인을 파헤쳐 개선하고 학습해야 하며, 좋은 안을 찾아냈다면 지속적으로 서비스할 수 있도록 구조적 걸림돌을 해결해야 한다.

2000년대 중반, 1위를 달리던 여성의류 쇼핑몰에서 '5만 원 이상 무료배송'이라는 프로모션을 시작했다. 실로 파격적인 혜택이어서 몇 달 만에 너도나도 그 프로모션을 따라 하기 시작했다. 그런데 놀라운 것은 어느 누구도 5만 원 이상 무료배송하는 이유를 알려고 들지 않았다는 것이다. 아마 잘나가는 업체가 저렇게 한 데는 이유가 있겠거니 생각했을 것이다.

1위 업체가 5만 원 이상 무료배송을 시행한 것은 정확한 목적이 있었다. 객단가를 높이겠다는 의도였다. 5만 원에 약간 못 미치는 금액을 구입한 고객이라면 돈을 조금만 더 쓰면 무료배송 혜택을 받을 수 있으니, 손해 보고 싶지 않은 심리를 활용해 객단가를 높이려는 전략이었다. 그 결과 객단가를 5000원 높여 매출을 수천만 원 올린다면? 더욱이 고객에게 5만 원 이상 무료배송해주는 최초 업체라는 인식을 심어준다면? 결코 손해 보는 장사가 아니다.

게다가 이 업체는 1위답게 배송량이 많아 1500원이라는 낮은 가격으로 택배를 계약했으므로 무료배송 부담이 상대적으로 적었다. 그런데 택배비 2500원을 지불하던 후발업체들은 무료배송의 목적과 가능한 배경을 파악하지도 않은 채 원인 모를 출혈을 감수하며 따라 하기에만 급급했던 것이다.

물론 그동안 1위의 기획을 따라 하며 성장도 어느 정도 맛보았을 테니 이해는 된다. 실제로 '5만 원 결제 시 무료배송'은 이후 이커머스의 암묵적 룰로 정착할 만큼 성공적인 프로모션이었으니 따라 한 사업자들도 성과가 있었을 것이다. 그러나 운 좋게 얻은 기회로 갑자기 또는 잠깐 잘되는 창업자는 스스로 왜 잘되는지를 모를 때가 많다. 실제로 우리 사이트의 경쟁력은 잘 짜여진 구조와 친절한 상담인데 느닷없이 챗봇 상담으로 개편하는 바람에 매출이 급격히 하락하는 곳도 있고, 1위 남성의류 업체가 경쟁자들이 따라 하지 못할 구조를 만들겠다고 보기엔 멋지지만 불편한 시스템을 만들어 단기간에 매출이 10분의 1 토막난 사례도 있다. 평소 그 업체를 모방하던 후발업체들이 이것마저 따라 하는 바람에 매출이 동반 하락한 웃지 못할 상황도 보았다.

이처럼 목적을 알지 못하고 단순히 경쟁사 프로모션을 벤치마킹하다가는 단발성 매출 상승에 그치거나 오히려 실패하기 쉽다. 왜 실패했는지 이유조차 알지 못한 채 말이다.

신상품 10% 할인의 의미를 찾아라

목적 있는 기획을 끊임없이 시도해야 하는 또 다른 이유는 '특별함'을 심어줄 수 있기 때문이다. 아무리 신선한 기획도 시간이 흘러 당연한 것이 되어버리면 특별함이 사라지고 시스템

비용만 계속 발생하게 된다. 모두가 5만 원 이상 무료배송을 하는 요즘에는 그 혜택이 당연시되는 것처럼 말이다. 하지만 고객과 시장을 상대로 강렬한 인상을 남길 수 있다면 그 자체로 성공한 기획이 될 것이고, 계속 흐름을 만들어갈 자신감도 얻을 수 있다.

신상품을 10% 할인하는 이커머스를 간혹 보았을 것이다. 보통 새로 나온 제품은 노 세일이어야 하는데 신상을 할인해 준다니, 어떤 이유일까? 이커머스 사업자는 판매가격을 매입가의 1.4배, 1.7배, 3.5배 등으로 책정하며 마진을 스스로 결정해야 한다. 가격경쟁을 하느라 무작정 남들 하는 대로 따라 하는 경우가 있는데, 그러다간 수익구조에 문제가 생긴다. 사업자라면 왜 이 가격을 책정했는지, 마진율을 왜 이렇게 정했는지 이유가 있어야 한다. 신상품을 할인하는 것도 마찬가지다. 이유가 있어야 한다.

가장 큰 이유는 물량확보다. 의류를 예로 들면, 도매시장에서는 처음부터 제품을 대량생산하지 않는다. 처음에는 다양한 거래처에 샘플을 소량으로 제공하고 반응을 보며 그 후에 생산량을 늘려가는 안전한 방식을 택한다. 물건을 가져와 파는 쪽에서는 고객의 반응을 빠르게 캐치해 경쟁사보다 한발 먼저

물량을 확보해야 하는데, 신상품을 할인하면 고객들의 리뷰나 구매를 좀 더 정확하고 신속하게 알 수 있다.

물량확보는 당일배송으로도 이어진다. 우리 사이트에서 잘 팔리는 제품은 다른 데서도 잘 팔린다. 자체제작 상품이 아닌 다음에야 다음 날 출고 예상수량을 확보해야만 당일배송 서비스를 할 수 있고, 고객을 놓치지 않을 수 있다.

신상품 할인은 상품 진열 위치와도 연관이 있다. 베스트 상품은 잘 팔린다는 뜻도 있지만 이미 많이 팔렸다는 의미이기도 하다. 그 자리를 이어받을 상품을 점찍어서 확실히 밀어줘야 하는데, 신상품 업데이트 후 제품 관련 문의가 하루 3건 이상 달린다면 히트할 가능성이 높은 제품이다. 기존의 베스트 상품보다 신상품이 잘 팔릴 가능성이 높아 보이면 빠르게 진열 위치를 바꿔야 한다.

게다가 업데이트 당일만 할인해준다면 즐겨찾기를 해두고 매일 제품 업데이트를 확인하러 오는 재방문 고객을 붙잡아둘 강력한 요인이 된다. 매일 신상품이 업데이트되는 패션 이커머스의 특성상 출석체크는 꽤 효율이 높은 홍보 전략이다.

막 출시한 신상품을 할인한다는 것은 당시에는 기존의 인식을 뒤바꾼 파격적인 이벤트였다. 그 배경에는 이처럼 뚜렷한 목표가 있었다. 목표가 없으면 기대효과를 측정할 수 없고, 좋은 것과 나쁜 것을 구분하지 못하게 된다. 고객이 평균적으로 구매하는 금액을 5만 원에서 10만 원으로 상승시키면 무엇이 달라질까? 이익의 차이가 엄청날 것 같지만 구매 빈도가 하락해 정작 매출에는 큰 차이가 없다.

손님 없는 집의 사장이 동네의 다른 매장을 돌아다니며 무엇을 어떻게 잘하는지 보고 배우는 것은 매우 당연하고 중요하다. 하지만 경쟁상대가 하는 것을 무작정 따라 하기 전에 왜 하는 것인지 묻고 이유를 제대로 알고 실행하자. 다른 사람에게 물어보는 것도 좋지만, 반드시 스스로 답을 찾아볼 것을 권한다. 데이터 분석과 고객 모니터링을 반복해야 하는 이유가 여기에 있다.

고객과의 심리게임,
이커머스 옵션 설정

상품 옵션에도 이유가 존재한다. 우선 상품 옵션만으로도 가장 핵심적인 두 가지, 즉 매출 증가와 객단가 상승을 이끌어 낼 수 있다.

옵션을 설정한다고 하면 흔히 묶음 상품을 몇 퍼센트 할인할지에만 골몰하곤 하는데, 옵션 설정 시 가능하면 할인은 고려하지 않는 것이 좋다. 할인 외에도 옵션은 목적과 채널, 상품 속성에 따라 수없이 다양하게 짤 수 있다. 옵션 설정하는 방법, 그리고 내가 '팔고자 하는 옵션'으로 고객의 선택을 유도할 수 있는 소소한 팁들을 정리해보았다.

1. 손해 보지 않으려는 심리

많은 판매자가 미처 신경 쓰지 않지만 매출 증가에 굉장히 중요한 요소 중 하나가 손해 보지 않으려는 고객심리를 활용하는 것이다. 제품이 일반적으로 모두가 알 수 있는 것(공산품)이면 이 심리는 더욱 극대화된다.

이는 '2+1' 프로모션과도 유사한 방법인데, 고객은 구매 시 반드시 비교하는 과정을 거치며 더 나은 가격으로 구매하길 원한다. 단순히 '추가 구매 시 무료배송' 같은 옵션을 활용해도 되지만, 효과를 극대화하려면 아무도 선택하지 않을 옵션을 넣거나 최상위 기준 가격을 납득 가능한 수준에서 높게 잡아야 한다. 최상위 가격이 낮으면 그 아래 가격 옵션으로 구매해도 구매자가 잘 샀다고 느끼지 않기 때문이다.

아래의 옵션 설정은 판매가 5만 원인 제품의 옵션으로, 2번을 많이 팔기 위한 설정이다. 단품 구매가 많은 상품에 활용하기 좋다.

옵션 1) 5만 원 단품
옵션 2) 추가 구매 시 무료배송 + 사은품
옵션 3) 5개 이상 구매 시 10% 할인

2. 기간 옵션

교육 상품이나 다이어트 상품 등은 기간 할인을 옵션으로 넣으면 무척 다양한 경우의 수가 나올 수 있다.

아래 예시는 3번을 많이 팔기 위한 옵션이다. 선택지를 가장 뒤로 빼두는 것으로, 이 역시 손해 보지 않고자 하는 심리를 활용한 것이다.

옵션 1) 7일 7% 할인

옵션 2) 14일 15% 할인

옵션 3) 30일 45% 할인 + 30만 원 상당 교재 무료 제공

특히 전환당 비용이 높은 경우 이런 옵션을 활용하면 객단가를 높일 수 있다. 물론 객단가가 올라가는 만큼 구매전환율은 떨어진다.

기간 옵션을 설정할 때 유의할 점은 3번 옵션의 합산 순이익이 2번 옵션보다 높아야 한다는 것이다. 아울러 고가의 고마진 제품에는 도움이 되지만, 그렇지 않다면 '할인' 옵션 자체는 고려하지 않는 게 좋다.

3. 구매시간을 단축하는 옵션 배치

체류시간이 길어질수록 일반적으로 매출에는 도움을 주지만, 구매 단계에서는 반대로 그 시간을 단축시켜야 한다. 구매시간을 단축하면 리텐션 등 추가 광고비용을 쓰지 않아도 되며, 전략적으로 다양한 선택을 할 수 있다. 전환당 비용이 낮아지는 것이다.

아주 사소한 지점이지만, 제품의 컬러가 다양할 경우 상세페이지에 기재된 컬러 안내를 옵션에도 동일하게 한글로 표기해야 한다. 상세페이지는 영문인데 옵션 선택란에는 한글로 표기된 경우가 의외로 많다. 이런 사소한 차이 때문에 옵션을 다시 확인하느라 구매전환 시간이 늘어난다. 의류라면 모델이 착용한 제품 사이즈와 신체 사이즈를 옵션에 텍스트로 표기해야 한다. 이때 한 번에 인지할 수 있도록 전문용어는 절대 옵션에 쓰지 않는다.

고객의 빠른 선택을 위해 옵션 선택을 돕는 간소한 이미지를 상세페이지 상단(옵션 근처)에 배치하는 것도 도움이 된다. 고객이 옵션을 선택하려다 사이즈나 컬러를 확인하러 다시 스크롤을 내리는 순간 알림이나 전화가 올 수도 있지 않은가? 그러니 최대한 짧은 시간에 구매하도록 유도해야 한다.

5개가 넘는 옵션은 가능하면 만들지 않는 게 좋고, 오히려 베스트셀러와 같은 카테고리를 만들어 선택의 폭을 좁히길 추천한다. 불필요한 옵션은 구매전환율을 떨어뜨릴 뿐이다. 가입 당일만 사용할 수 있는 쿠폰 등을 활용하는 방법도 효과가 좋다. 외부에 공개되는 할인이 아닌 개인별 메시지를 활용한 할인은 손해 보는 게 아니라면 자주 활용해도 괜찮다.

4. 목적에 따라 옵션이 달라진다

제품이 가진 속성은 너무도 다양하기에 변수를 적용해 옵션을 수없이 테스트해봐야 한다. 고객을 정확하게 이해한다면 판매자와 소비자 모두에게 득이 되는 옵션을 만들 수 있다. 예컨대 출시 초기에 빠른 리뷰가 올라오기를 원한다면 포토리뷰 작성 시 '선 할인'을 적용하는 옵션(알림 동의 필수)을 취해보자. 간편 회원가입 구매가 많으면 회원가입 후 구매 시 혜택을 주는 옵션(리텐션 비율이 떨어지는 상품의 경우는 하지 않는 게 좋다) 또는 두 번째 구매부터 혜택을 주는 옵션 등 다양한 시도를 해봐야 한다.

아울러 같은 상품이라도 채널에 따라 다양한 옵션을 제시

해보자. 상품 옵션을 설정할 때는 우선 외부 채널의 성격을 이해한 후, 최종수치인 매출이 아니라 '매출이 나오기 위한 선행 수치'를 잘 이해해 채널별 옵션을 적용해야 한다. 옵션마다의 특성을 올바르게 이해하지 않고 설정하면 자칫 매출은 상승하지만 이익은 나지 않게 되니 주의하자. 옵션 설정 시에는 심리전의 고수가 되겠다는 각오로 임해야 한다.

운영자도 모르는
우리 사이트의 오류 찾기

　장사를 잘한다는 건 어떤 의미일까? 남들보다 많이 파는 것? 좋은 제품을 선별하는 안목? 광고를 잘하는 것? 고객을 만족시키는 것?

　모두 중요하겠지만 단골을 지속적으로 늘려가야 올바른 장사, 바람직한 장사라는 데 누구도 이견이 없을 것이다. 쇼핑몰도 마찬가지다. 분명 방문자는 있는데 정작 물건을 구매하는 사람은 적거나, 광고를 중단하면 매출이 안 나오는 곳이 대부분이다. 광고 의존도가 높은 것이다. 이커머스의 90% 이상이 이에 해당한다고 보면 된다.

물론 광고 의존도가 높거나 광고를 해도 제품이 안 팔린다는 문제를 알면서도 이를 개선하기란 그리 간단하지도, 쉽지도 않다. 그러나 잘 모른다고 낙심할 필요는 없다. 잘되는 곳이라해서 자신이 왜 잘되는지 다 아는 건 아니니까.

여기서는 하나만 기억하자. 문제가 있으면 개선하면 된다. 내 상점에 문제가 있는지 없는지 정도만 파악해도 운영과 개선에는 큰 도움이 된다.

예컨대 1분 이내 고객이탈률이 70%가 넘는다면 문제가 있다. 랜딩페이지가 잘못되었거나 무언가 다른 문제가 있는 것이다. 식당으로 치면 손님이 들어왔다가 앉지도 않고 나가버리는 것이다. 그런 손님이 70%라고 생각해보라. 왜 그냥 가는지, 무엇이 마음에 안 들어서 외면하는지 고민해서 반드시 개선해야한다.

구매전환율 역시 2%가 넘지 않는다면 문제가 있다. 우리사이트로 손님을 데려오는 것만큼 중요한 게 구매로 이어지는 것이다. 사이트를 방문하고도 사지 않았다면 상품구성과 상세페이지가 부족하거나 매력적이지 않아서일 확률이 높다. 이는 초보자라도 충분히 판단할 수 있으며 개선도 그리 어렵지않다.

정확한 진단은 필수다. 배송이 빠르고 친절하게 응대하는 것이 잘되는 쇼핑몰의 경쟁력이라고 짐작하는 분들이 많은데, 사실 이는 대부분의 이커머스가 갖춘 기본 중의 기본이어서 이 때문에 잘된다고 확신하기는 어렵다. 반대로 쇼핑몰이 안 되는 이유로 가격이 비싸다, 디자인이 좋지 않다 등의 이유를 드는데 이 역시 정확한 진단은 아니다. 어떤 곳은 비싸게 내놔도 잘 팔리고, 디자인이 좋지 않아도 높은 매출을 올리는 업체도 많다. 경쟁사와 똑같이 만들어도 안 팔리는 곳도 있다. 심지어 모든 제품을 더 싸게 팔아도 매출이 안 오른다.

내가 보는 핵심은 '쇼핑몰의 구조'다. 고객을 잃지 않으려면 구조를 제대로 설계해 시스템으로 연결할 수 있어야 한다. 미적으로도 디자인이 훌륭하면 좋겠지만 그 때문에 구조적 불편을 낳는다면 매출에 악영향을 미친다. 우리가 맥도날드에 자주 가는 이유가 햄버거가 가장 맛있거나 서비스가 최고여서는 아닐 것이다. 맥도날드 매장에 들어가 음식을 구매하고 먹고 나가기까지의 구조가 일관되게 합리적이고 편해서 가는 것이다.

이커머스도 마찬가지다. 방문자를 늘리기보다 손님 맞을 준비를 잘하는 것이 우선이다. 고객의 불편을 개선하고 그들이 만족할 상품을 선정하고, 재방문을 유도하는 구조를 만드는 데 더 많은 시간과 노력을 쏟아야 한다. 간혹 폭주하는 방문자나 매출을 보며 '속도의 성장'이라는 달콤함에 취해 지내다가 망하는 이커머스를 본다. 구조를 만들지 못해서 망하는 것이다.

무조건 예쁜 것을 지향하기보다 그 식당의 컨셉과 모객능력에 맞는 인테리어로 꾸며야 매출이 오르는 것처럼, 쇼핑몰 역시 컨셉에 맞는 구조여야 매출이 오른다. 그렇지 않으면 돈 들여 리뉴얼하고 오히려 매출이 떨어지기도 한다. 다만 개별 사업자마다 상황과 원인이 다양하므로 여기서는 가장 대표적인 두 가지 원인을 설명하고자 한다.

상품등록만 제한해도 매출은 오른다

먼저 오픈마켓의 경우 '판매자 상품등록 제한'만으로도 큰 폭의 매출 증가가 가능하다. 예전에 어느 이커머스 플랫폼의 문제를 해결한 적이 있는데, 공급사에서 상품등록을 무한정 방치해두는 바람에 불거진 오류였다. 상품등록 검수 가이드가 제대로 설계되지 않아서 생기는 문제인데, 특히 가전제품

등 품질이 중요한 품목은 치명적인 손해를 볼 수 있다.

가전제품은 특성상 대부분의 고객이 구매 전에 가격비교를 해본다. 브랜드 측에서는 이런 고객의 습관을 이용해 다양한 사이트에 상품을 등록만 하고 최저가격을 설정한 곳에서 매출을 발생시켜 수익을 얻는다. 무슨 말인가 하면, 상품등록 제한이 없는 곳에 자기 제품을 가장 비싼 가격대로 등록해, 고객들에게 최저가격을 설정한 곳이 상대적으로 싸다고 인식시키는 것이다. 비싸게 제품이 등록된 사이트는 억울할 노릇이다. 상품등록 제한을 두지 않아 이러한 제품이 100개, 1000개씩 등록된다면, 시간이 지나면서 소비자들은 '이 사이트는 비싸게 파는 곳이야'라는 부정적인 인식을 갖게 된다.

여러 차례 강조했지만, 이커머스에서 가장 잘 활용해야 할 것이 바로 '손해 보지 않으려는 심리'다. 100원은 무시해도 좋은 금액인데 이상하게 온라인상에서는 눈에 보이는 손해라면 100원이라도 질색한다. 아마 이 책을 읽는 당신도 온라인 쇼핑을 하면서 100~300원의 가격 차이를 따진 적이 있을 것이다. 그 심리만 잘 충족해도 매출을 상승시킬 수 있다. 실제 이 회사는 상품등록 제한을 걸어두는 조치만으로 300억대 매출을 1년 내에 2~3배 키울 수 있었다.

물론 롱테일의 법칙상 이커머스는 상품이 많으면 팔리는 것도 맞다. 모든 고객이 가격비교를 하는 것은 아니기에 가장 저렴하지 않아도 조금씩 팔리는 것이다. 그러나 훗날 고객이 비싸게 샀다는 사실을 인지한 순간 이커머스는 돌이킬 수 없는 인식의 손해를 보므로, 제품번호가 있는 유명 브랜드나 가전제품은 반드시 상품등록을 제한해야 한다. 이것이 바로 운영자도 모르는 구조적인 오류 중 하나다.

구매를 방해하는 내부 검색기능을 점검하라

또 다른 취약점은 웹사이트 내부의 검색기능이다. 상품 노출을 결정하는 것은 바로 검색 키워드다. 그럼에도 20년 넘는 이커머스 소호몰 시장에서 가장 발전하지 못한 지점이 다름 아닌 사이트 내부의 검색기능이다.

바지를 사려는 고객이 어떤 키워드로 검색할까? 아마도 '데님'보다는 '청바지'로 검색하는 사람이 더 많을 것이다. 검색어가 노출의 승부처인데, 상품등록을 하며 이를 소홀히 하는 이커머스가 의외로 많다. 고객이 제품을 구매하는 데 걸리는 시간을 가급적 줄여야 하는데, 대부분의 내부 검색기능이 이에

역행한다. 상당수가 1~2분 안에 검색해서 구매하는 게 애초에 불가능할 정도로 어렵게 되어 있다. 즉시 구매 가능한 제품을 보유하고 있어도 검색에서 노출되지 않거나 정확도가 떨어지는 바람에 구매로 이어지지 않는다.

막강한 검색엔진을 가진 네이버가 다른 곳보다 키워드 광고의 매출이 높은 것도, 쇼핑에서 제품을 검색할 때 상위노출의 비중이 높은 것도 결국 내부 검색기능이 뛰어나기 때문이다. 과거에는 우리 제품을 상위에 노출시키려는 의도로 지인들을 동원해 가구매하는 일이 많았다. 일종의 어뷰징 전략이다. 지금은 배송평점이나 구매후기 등의 모든 요소에 점수를 매겨 제품이 노출되기에 꼼수를 쓰기도 어렵다. 그만큼 검색 키워드가 더 중요해졌다. 경험 데이터를 기반으로 개인에게 딱 맞는 맞춤형 추천을 해주지 않으면 살아남기 힘든 요즘이라 더더욱 그렇다.

검색의 취약성으로 생긴 구조적 오류는 대형 오픈마켓이라고 다르지 않다. 오히려 더 심각하다. 실제로 가구를 검색해보면 수천 개가 넘는 상품이 나오는데 충격적인 것은 7000원짜리 스펀지가 가장 상위에 뜬다는 사실이다. 가구 모서리에 붙이는 충격방지용 스펀지이니 가구와 아예 상관없는 것은 아니지만, 카테고리를 만들 때 키워드 설정을 제대로 하지 못한 것이다.

카테고리에서 제품을 검색할 때 기본적으로 넣어야 하는 키워드들을 정교하게 짜두어야 이런 오류가 줄어든다. 그렇지 않고 판매자들이 중구난방, 반복적으로 등록하게 놔두면 내부 검색으로 고객이 제품까지 도달하는 확률은 현저히 떨어질 수밖에 없다. 판매 가능한 상품이 있는데도 도달하지 못하고 이탈하는 것이다. 커튼을 검색하면 침대가 나오는 기이한 현상이다. 이 부분만 개선해도 매출 상승에 20% 이상 기여할 수 있다.

회사에서 내가 잘한 일은 그리 티나지 않아도 작은 실수는 티가 나기 마련이다. 아무리 각종 사은품과 혜택을 베풀어도 고객이 느끼는 작은 불편을 찾아내 개선하지 못하면 '물건 사기 힘든 사이트'라는 인식을 심어주어 점차 외면될 수밖에 없다. 그만큼 단골을 확보하는 길은 요원해진다.

상품등록 오류를 역으로 활용하는 방법

오픈마켓은 상품등록에 제한을 두는 게 유리하지만, 거꾸로 브랜드는 이를 통해 고객의 인식을 환기시킬 수 있다. 가령 제품가격을 웹사이트별로 다음과 같이 책정했다고 해보자.

A업체 80만 원 (최저가격)

B업체 90만 원

C업체 100만 원(상품등록 자유)

C업체와는 거래할 의사가 없다면, 이곳에 높은 가격으로 우리 제품을 올려보자. 브랜드 입장에서 높은 기준의 가격이 필요하기에 일부러 판매되지 않는 옵션을 만드는 것이다. 어떤 곳은 구매 시 적립금을 먼저 할인하는 조건으로 가격비교에 노출하기도 한다. 같은 조건이라면 무조건 최저가격을 확보할 수 있다. 또한 브랜드는 대개 여러 곳에 입점하는데, 판매하는 최종 좌표를 다음과 같이 이동하며 설정할 수도 있다.

A업체 1주일 20% 할인

B업체 1주일 25% 할인

C업체 4일 30% 할인

즉 동시에 제품을 노출하되, 혜택과 노출구좌, 프로모션 기간을 달리해 판매가 일어나는 최종좌표가 이동하도록 설정하는 방식이다. 업체별로 돌아가면서 해당 약정기간에는 한 곳에만 힘을 줌으로써 여러 업체와 관계를 유지해가는 것이다. 일반적으로 제품 재고가 적을수록 브랜드 입장에서는 판매량은 적어도 수수료가 낮은 업체로 이동해 많은 이익을 확보하는 방식을 취한다.

우리 사이트는 상품등록 제한을 어떻게 활용할 수 있을까? 우리 사이트가 갖는 구조적 오류는 없을까? 조금 치사한 이야기일 수 있지만 다른 사이트의 오류를 파고드는 법은 없을까? 이커머스에서 허투루 넘겨도 되는 전략은 없다.

실패를 최소화하는
A/B테스트 활용법

　오프라인 마케팅에 비해 이커머스, 즉 온라인 마케팅이 갖는 장점 중 내가 가장 중요하게 여기는 것은 '시행착오'를 스스로 택할 수 있다는 것이다. 바로 A/B 테스트에 관한 것이다.

　이 상품이 잘 팔릴지 고민하며 지인과 직원들에게 의견을 구하는 것도 좋지만, 온라인에서 신제품(신상품 카테고리)을 먼저 선보여 테스트하는 방법이 더 정확하다. 랜딩페이지를 어떻게 보여주는지, 버튼을 어디에 어떻게 달지, 카피를 어떻게 쓸지에 따라 광고의 결과가 말 그대로 천양지차로 달라진다.

　내가 아는 대행사 중에는 다른 쇼핑몰과 계약한 후 썸네일만 다르게 해서 스토어팜을 운영하는 곳도 있다. 썸네일만 다르게 해서 매출을 발생시키는데도 이익률이 꽤 좋다. 썸네일이 중요한 이유는 일단 많이 보이기 때문이다. 온라인에서 간판이나 전단지, 포스터 역할을 하는 것이 썸네일이다. 설령 맛이 썩 훌륭하지 않아도 가게 위치가 좋으면 손님이 많은 것처럼, 썸네일이 눈에 띄면 클릭을 발생시킨다.

이커머스에는 썸네일처럼 고객의 뇌를 자극해서 끌어들일 수 있는 요소가 많다. 각각의 요소를 어떻게 기획할지는 사람마다 다 다를 것이다. 그중 어떤 방식이 가장 효과적일까? 당근 무늬 티셔츠를 팔 때 해당 티셔츠를 썸네일로 올릴 때와 진짜 당근을 찍어서 올릴 때, 어느 쪽이 더 많은 클릭이 나올까? 사람들의 뇌를 자극하려면 계속 다르게 생각해보고, 계속 시도해보는 수밖에 없다. A/B 테스트를 일상화해야 한다.

실전에서 A/B 테스트를 활용하는 노하우를 몇 가지 정리해보았다.

1. 광고로 사이트에 들어온 고객이 처음 보는 페이지에는 큰 배너가 아닌 실용성 있는 메시지가 담겨야 한다. 직관적이고 커머셜한 이미지로 보인다면 매출 향상에 더 도움이 된다.

2. 유입 후 클릭하지 않고 바로 이탈하는 반송률을 최소화해야 한다. 웹사이트 데이터를 확인했으면 방치해둘 것이 아니라 이를 기반으로 다양한 시도가 뒤따라야 한다. 반송률을 낮추는 시도와 개선만으로도 더 많은 매출을 올릴 수 있다

3. 반송률이 높다면 메인페이지의 배너를 모두 제거하고 모두 상품 썸네일로 변경해 기존 배너와 상품의 효율을 확인해보자. 이것이 올바른 A/B 테스트다.

4. 간혹 무료 제품이 고가 제품의 구매를 이끌어낸다. 1000원짜리 미끼 상품을 기획했다면 광고 전체 영역에 노출하지 말고 초기 2~3일 동안 95%에는 일반 상품을, 5%에는 할인된 기획 상품을 노출해 리스크를 줄여보자.

5. 실제 유입 페이지에서 즉시 할인보다 가입 시 알림톡이나 메일을 통해 15% 할인을 제안하는 것이 더 높은 구매율을 보인다. 대놓고 제안하기보다 "너에게만 주는 거야"라고 속삭이듯 말하는 게 효율이 더 높다. 이러한 검증을 가능케 하는 것이 A/B 테스트다.

6. 상품 진열(노출)은 반드시 테스트 기간을 거쳐야 한다. 특히 처음 방문한 고객에게 선보이는 제품은 반드시 기본 노출 기간을 거친 후에 썸네일 변경이나 상세페이지 변경처럼 세세한 수정 보완을 해주어야 안정적인 구매율을 올릴 수 있다. 이역시 A/B 테스트를 통해 개선 가능하다.

이러한 예시는 극히 일부분일 뿐, 데이터를 활용한 A/B 테스트는 검색광고, 디스플레이 광고, 이메일 등 모든 진입 페이지에 적용할 수 있다. 하지만 이를 활용하는 이들은 몹시 드물다. '데이터 드리븐data driven'을 외치면서도 데이터 활용에 취약한 것이다.

광고 의존도가 높고 광고효율이 떨어진다는 건 결과다. 고객이 남기고 간 데이터와 그 과정은 우리에게 쌓이고, 힌트가 될 수 있다. 포털을 통해 100명이 방문해 그중 2명이 구매했다는 데이터 자체가 중요한 게 아니다. 그 과정에 무엇을 더할 수 있는지 찾아내 선행수치에 변화를 주고 더 좋은 결과를 만들어내는 것이 진짜 목적이다. 데이터가 쌓이기를 기다릴 게 아니라 쌓이는 과정에 적극 개입해야 한다.

이 모든 것들을 종합해볼 때 이커머스 사업자들에게 반드시 필요한 자질은 마르지 않는 호기심이다. A/B 테스트도 그렇지만 결국 이커머스의 모든 과정이 끊임없이 시나리오를 설계하고 힌트를 읽고 시도하는 작업의 반복이기 때문이다. 시간이 지날수록 이것은 대단한 노하우가 아니라 기본 중의 기본이라 느낀다. 작은 실마리를 다양하게 해석해 더 많은 영역에 적용해보자. 작은 시도를 두려워하지 말자. 아직 우리를 모르는 고객들이 더 많다.

이커머스 정기구독,
무엇을 어떻게 팔아야 할까?

　이제 편의점에서도 구독상품을 내놓을 만큼 구독은 친숙한 소비방식으로 자리잡았다. 그에 따라 이커머스 구독 서비스도 실로 다양해지고 있다. 여기서 강조하고 싶은 것은 구독의 의미다. 모두가 구독이 중요하다고 달려갈 때 '구독'이라는 단어의 본질을 다시 생각해볼 것을 제안하고 싶다.

　우선 구독이 정말 혁신적인 서비스일까? 물론 꽃 정기배송 서비스를 '구독'이라 표현하면 좀 더 새롭게 들리지만, 사실 구독은 새로운 서비스가 아니다. 과거에도 우유배달이나 신문배달 등 구독이 존재했다. 구독 서비스를 구상하고 있다면 당신의 구독이 기존의 구독과 무엇이 다른지 냉철하게 따져보자. 남들이 하니까 나도 한다는 식의 마인드로는 우리만의 멤버십 정책도, 우리만의 차별화된 구독 서비스도 만들 수 없다.

무엇보다 이커머스에서의 정기구독은 새로운 상품이 아닌 고객의 심리, 감정을 잘 활용해야 한다. 헬스장에서는 흔히 매월 결제가 아닌 즉시 결제를 유도한다. 홈트가 유행인데도 굳이 헬스장에 등록하는 이유는 의지력을 자극하기 위해서다. 헬스장에 등록하고도 대부분의 사람들은 한두 달 하고는 그만두기 일쑤다. 당연히 헬스장으로서는 월 정기결제보다 즉시 결제를 유도하는 것이 유리하다. 그래서 구독방식보다는 즉시 결제를 하면 할인이나 혜택을 주는 편을 택한다.

반면 다이어트 식단을 배송하는 '슬림쿡'이라는 이커머스는 단품도 판매하지만 샐러드 정기배송이 큰 비중을 차지한다. 사람들이 슬림쿡을 구독하는 이유는 다이어트식을 일일이 준비해야 하는 귀찮음을 해소하고 싶어서이고, 건강관리나 다이어트를 하고 있다는 것만으로도 일종의 죄책감에서 벗어날 수 있기 때문이다. 즉 고객에게 심리적 안정감을 주는 셈이다. 단, 상품을 파는 이커머스의 정기결제는 객단가 상승으로 현금흐름을 좋게 만드는 반면 단품 구매를 감소시키기도 하므로 카테고리 구성에 신중을 기해야 한다.

구독에는 상품을 정기배송하는 방식뿐 아니라 특정 멤버십 형태로 매월 소액을 정기결제하는 방식도 있다. 네이버플러스나 멜론, 넷플릭스, 밀리의서재, 로켓와우 등을 떠올리면 이해하기 쉬운데, 이때의 구독 서비스는 사용자로 하여금 손해 보는 느낌을 주지 않는 것을 최우선으로 해야 한다. 서비스를 사용하지 않은 달에는 왠지 손해 보는 마음이 드는 게 당연하다. 그런 고객들에게 구독을 그만두지 않도록 서비스 안에 '지키고 싶은 것'을 반드시 심어두어야 한다.

'건강한친구들'이라는 이커머스는 전문가가 알려주는 온라인 홈트레이닝이라는 컨셉으로 전문가들의 트레이닝 영상을 판매한다. 운동 카테고리에 스트리밍을 접목한 독특한 구조의 서비스지만, 랜선 요가처럼 비대면을 기반으로 한 서비스가 우후죽순 생기면서 서비스의 특성이 상당 부분 희석돼버렸다. 창업 초기에는 영상만 잘 만들어두면 구독자가 늘어나면서 두고두고 수익이 날 거라 기대했는데, 경쟁업체들이 공격적인 광고와 낮은 가격을 무기로 치고 나온 것이다. 게다가 유튜브에는 무료 트레이닝 영상이 넘쳐나는데 이들과 어떻게 차별화할 것인지도 업체의 발목을 잡는 고민이었다.

경쟁이 치열해지는 만큼 무엇보다 고객이 느낄 수 있는 강력한 이점이 필요했다. 아무리 색다른 서비스를 제공한다 한들 소비자가 다른 곳과 비교하는 순간 가격을 올리는 데에는 한계가 있다. 클래스101처럼 사업의 방향을 변경해야 하나 고민도 많았다고 한다.

그러던 중 온라인 영상 업체들이 유명 유튜버를 섭외해 성장한 방식을 응용하면 어떨까 하는 아이디어가 떠올랐다. 대기업에서 건강을 관리하는 유명인을 섭외했다. 이 작은 발상이 차별화의 시작이 되었다. 구하기 어려운 영상을 평생 소장할 수 있다고 홍보하자 매출이 올랐다.

이들은 '구독'이라는 단어가 가진 고정관념에 갇히지 않고 고객이 느끼는 감정을 관리하는 서비스로 바라본 덕에 돌파구를 찾을 수 있었다. 만일 정기결제를 이끌어내기 위해 경쟁사보다 가격을 내리는 쪽으로만 접근했다면? 이커머스에서 가장 경계해야 할 단어는 '할인율'이다. 브랜드로 성장하려면 비교불가 제품을 끊임없이 내놓아야 하고, 그러려면 단어가 가진 기존의 인식을 깨고 나올 수 있어야 한다. 좋은 기획은 문제를 올바로 발견하고 해결하는 데에서 나온다.

고객을 특별하게 대접해줄
장치가 있는가?

한창 일을 하고 있는데 휴대폰 알림이 울려서 무심코 보니 쿠팡에서 보낸 로켓와우 결제 문자다. 이번 달에 2900원이 결제됐다는 내역이다. 로켓와우는 매월 2900원을 내면 로켓배송 무료 혜택을 받는 쿠팡의 멤버십이다. 최근에는 로켓와우 회원이라면 쿠팡플레이에서 드라마나 영화를 볼 수 있는 OTTOver The Top 서비스까지 이용할 수 있으니 요즘 말로 (개)이득이다.

그런데 사람의 마음이라는 게 이상하다. 아메리카노 한 잔 가격도 안 되는 이 금액을 볼 때마다 '요즘 쿠팡 안 쓰는 것 같은데, 해지해야 하나?'라는 생각이 든다. 매달 회비처럼 따박따박 떼어가니 한 달만 쓰지 않아도 손해 보는 느낌이랄까.

손해 보는 것을 좋아할 고객이 어디 있을까. 넷플릭스나 로켓와우처럼 매달 정해진 비용을 내고 접근 권한을 파는 스트리밍 서비스는 더욱더 이런 심리에 민감해야 한다. 콘텐츠를 조금만 덜 소비해도 큰 금액도 아닌데 아깝다는 생각이 들기 때문이다.

이러한 마음이 드는 이유는 '지킬 것'이 없어서다. 멤버십의 기본 속성은 나를 특별한 존재로 알아봐주는 것이다. 인간은 누구나 조금은 특별한 존재로 대접받고 싶어 하고, 상대가 자신을 알아봐주기 바란다. 단골손님이 오랜만에 방문했다고 가정해보자. 오프라인 매장이라면 사장님은 당연히 반가운 얼굴로 맞으며 안부를 물을 것이다. 반면 온라인은 어떤가? 10년 넘게 코칭을 하면서 오랜만에 우리 웹사이트를 방문한 휴면 해제 고객에게 어떻게 인사할지 고민하는 사장님을 본 적이 거의 없다. 당장 맨발로 뛰어나가 절이라도 해야 할 상황인데 말이다.

나를 알아봐주지 않는 멤버십은 제대로 작동될 수 없다. 고객과 얼굴을 직접 맞댈 수 없는 이커머스일수록 고객을 알아보는, 즉 고객이 아깝다는 느낌을 받지 않게끔 하는 장치를 반드시 마련해야 한다.

실제로 데이터를 들여다보면 이러한 장치가 있는지 여부에 따라 멤버십 연장률과 해지율에 큰 차이가 난다. 다수의 고객들은 적립금이 남아 있는 사이트에서 구매하는 경향이 있다. 그런데 광고 의존도가 높은 이커머스를 들여다보면 적립금 장치가 없는 곳들이 많다. 고객획득비용Customer Acquisition Cost, CAC을 따져볼 때 한 명의 고객이 3번 이상 반복구매하지 않으면 광고비를 감당하기 어려운데도 말이다.

물론 적립금이 만능은 아니다. 대부분의 이커머스가 100번을 구매해도 적립금을 모두 써버리면 처음 가입했을 때로, 즉 원점으로 돌아가게 해준다. 분명 어제까지는 VIP 대접을 해주다가 갑자기 처음 가게에 온 손님처럼 대하는 것이다. 적립금만으로 지속성과 팬덤을 이끌어내기 어려운 이유다.

그렇다면 지속성을 끌어내려면 어떤 장치가 필요할까?

넷플릭스는 경쟁 서비스인 웨이브와 달리 친구나 가족과 계정을 공유할 수 있다. 그래서 설령 내가 이용하지 않아도 가족이 쓸까 봐 쉽게 해지하지 않을 확률이 더 높다. 나도 친한 친구가 공유해준 아이디로 넷플릭스를 보고 있는데, 정작 내게 아이디를 공유해준 친구는 넷플릭스를 거의 보지 않는다. 그런데도 주위 사람들이 잘 보고 있으니 해지하고 싶은 마음이 들지 않는다고 했다. 이러한 장치는 편의성이나 가격과는 별개의 영역이다. 인원을 추가할수록 비용은 조금 늘어나지만, 화질이 개선되는 옵션을 넣어 될 수 있는 한 여러 명이 쓰게 해 '손해 보고 싶지 않은 심리'를 충족시켰다.

잘나가는 기업은 손해 보는 일을 하지 않는다. 당연한 얘기다. 그런데 이를 뒤집어보면 자신의 고객으로 하여금 손해 본다고 느끼게 하지 않는다는 뜻이다. 이들 기업이 적립금이나 멤버십 등으로 어떻게 고객을 우대하고 있고, 그 제도는 왜 만들었고 어떻게 작동되는지만 잘 들여다보아도 조금은 흉내낼 수 있을 테고, 우리 고객에게 비슷한 만족을 줄 수 있을 것이다.

앞서 소개한 건강한친구들도 이 전략으로 효과를 보았다. 서비스 초기에는 기기등록 제한을 두어 개인 단위로 판매했다가 넷플릭스처럼 가족 단위로 확대하면서 매출이 크게 오른 것이다. 누구나 헬스장을 등록한 후 몇 번 가지 않고 그만둔 경험이 있을 텐데, 그때 '본전' 생각이 나지 않는다면 거짓말일 것이다. 그렇다고 회원권을 양도하려니 번거롭고, 손해 보자니

속이 쓰리다. 건강한친구들 또한 영상을 구매해놓고 운동하지 않아서 괜히 샀다고 느낀 고객이 제법 있을 것이다. 그러다 가족 단위로 사용 범위를 확대한 후에는 손해라 느끼는 고객이 줄고, 그러한 만족도가 매출 증대로 이어진 것이다.

그런가 하면 패션 이커머스 무신사는 멤버십에 항공 마일리지의 특성을 차용했다. 모아둔 마일리지를 다 썼다고 해서 바로 등급이 떨어지지 않는다. 최근에 얼마를 썼는지도 중요하지만 지금까지 전체적으로 얼마를 썼는지를 토대로 등급을 정한다. 또한 고객이 등급과 적립금 중 선택할 수 있도록 했다. 적립된 포인트를 돈으로 환산해 사용하면 등급 혜택은 줄어들지만, 그렇다고 아예 첫 구매 등급으로 내려가는 건 아니고 상승하는 속도도 남들보다 빠르다.

참고로 무신사 스토어에는 총 8개의 회원 등급이 있다. 회원 가입을 하면 '무신사뉴비' 등급이 된다. 이후 무신사루키, 무신사멤버, 무신사브론즈, 무신사실버, 무신사골드, 무신사플래티넘, 무신사다이아몬드 순으로 등급이 올라간다. 등급에 따라 지급되는 쿠폰팩이나 할인이 달라지니 사람들은 될 수있는 한 등급을 유지하려 한다. 즉 등급제도는 지속성을 고려한 장치다. 무신사가 다른 사이트보다 출석이나 커뮤니티 투표, 활동 등에 더 많은 포인트를 주는 것도 자꾸 사이트에 접속하게 함으로써 지속적으로 고객을 오게 하려는 의도다. 커뮤니티 DNA를 잃지 않고 그 속성을 십분 활용한 전략이다.

포털의 강자 네이비 역시 네이버플러스 멤버십이라는 이름으로 가입자에게만 높은 쇼핑 적립 혜택을 주는 유료회원제 서비스를 출시했다. 여기서 눈에 들어오는 것은 제휴한 콘텐츠를 무료로 보거나 'My 단골'에서 구입하면 추가 적립을 해준다는 점이다. 이제 온라인에서도 단골의 개념으로 우리 고객을 묶어두는 장치가 없으면 경쟁에서 이길 수 없다.

물론 기술적으로 개발이 들어가야 하는 영역이므로 일반 쇼핑몰에서 따라 하기는 쉽지 않겠지만, 적립금을 다 소멸해도 단골임을 알아볼 수 있는 시스템을 만들어두는 것은 반드시 필요하다. 100번 로그인했지만 구매는 0번인 고객도 우리 사이트 활성화에 도움이 되는 고객임을 잊지 말자.

고객의 등급을 전략적으로 가장 잘 활용하는 곳 중 하나는 아마 카드 회사일 것이다. 상위 10%와 상위 1% 고객을 대상으로 발급하는 카드의 프로모션은 전혀 다르다. 그러나 대부분의 이커머스는 VIP건 일반고객이건 구매할 때의 문자가 다르지 않다. 등급에 따라 문자의 내용을 바꾸어보는 노력만으로도 고객의 마음이 조금은 달라지지 않을까?

고객을 대접함으로써 이익을 얻는 것은 오프라인이든 온라인이든 마찬가지지만, 온라인은 고객을 직접 볼 수 없기에 VIP로 대접해줄 장치가 더욱더 필요하다. 많은 카드회사가 1~3단계까지는 회원 등급을 비교적 빠르게 올려주는 것도 고객에게 '당신은 우리에게 매우 특별한 분입니다'라는 소속감을 더 빨리 부여하려는 의도다.

고객은 반드시 무언가를 잃어야 손해 봤다고 느끼는 것이 아니라는 사실을 기억하자. 같은 돈을 썼어도 남들보다 대접받지 못했다는 이유로 언제든 돌아설 수 있는 것이 고객이다.

한 번은 끝까지 가봐야 한다

친구들과 창업했던 첫 쇼핑몰이 망하고, 나와 함께한 친구들은 각자의 길을 떠났다. 내게 남은 건 카메라 장비와 오토바이 정도였다. 지하에 쌓인 재고는 장마에 비를 맞아 곰팡이가 피어 있었다. 월세라도 건지려고 팔 수 없게 된 옷과 잡화를 깨끗하게 세탁해 중고나라에서 처분하기 시작했다. 팔아봐야 얼마 되지도 않았다. 억울하고 분통이 터졌다. 돈을 잃은 게 화나는 게 아니라, 무지하고 무능한 나 자신에게 너무 화가 났다. 반지하 방은 월세 12만 원이었다. 어떻게든 이 돈만 낼 수 있으면 처음부터 다시 시작하고 싶었다.

당시 동타닷컴이라는 구인구직 사이트에서 이제 막 시작한 남성 쇼핑몰을 찾아 입사지원을 했다. 나는 창업을 할 자격이 없었다. 먼저 내가 다 알아야 했고, 일을 배워야 했다. 실무를 알지 못한 채 창업을 해서는 안 된다고 느꼈다.

이름도 컨셉도 정해지지 않았고 사무실도 없는 회사였다. 사장님의 지인이 운영하는 사무실에서, 그렇게 우리는 시작했다. 나를 포함한 2명의 MD에게 사장님은 한 명의 월급밖에 줄 수 없다며, 절반을 두 사람에게 나눠줄 테니 일을 할지 말지 결정하라고 했다. 아니면 한 달간 일해보고 잘하는 사람이 남는, 서바이벌 경쟁이었다. 다른 곳보다 월등히 적은 월급 40만 원을 받으며 그렇게 두 번째 이커머스 시장에 발을 들였다.

토모나리라는 이름을 짓고 웹사이트를 정성 들여 만들었다. 이곳저곳 시장을 돌아다니며 제품을 보고 착장을 맞추고 촬영하는 일은 예전과 비슷했다. 시간이 지나 결국 둘 중에서 내가 남았다. 남의 사무실에 의자 2개를 놓고 시작했다가 작은 사무실을 얻어 독립했다. 화장실도 없고 엘리베이터도 없고 난방도 되지 않는 허름한 사무실이었지만 우리 사무실이 생겼다는 기쁨과 돈을 벌어야 한다는 압박을 매일같이 느끼던 시절이었다. 새벽마다 시장에 가고 낮에는 코디를 하고 밤에는 촬영을 병행했다. 느리고 작았지만 하나씩 다져나갔다. 하루에 주문이 한 건만 들어와도 소리를 지르고 울며 기뻐했던 기억이 지금도 생생하다. 그만큼 노력했기 때문일 것이다.

이상하게 내가 좋아하는 옷은 잘 팔리지 않았다. 안목을 높이기 위해 잡지와 인터넷 자료를 찾아보며 하루도 빠지지 않고 동대문시장에 나갔다. 시장의 삼촌들과 친해지려 노력했고 많이 파는 업체처럼, 잘 파는 업체처럼 보이고 싶어서 가방에 많은 옷을 넣고 다녔다. 기대와 달리 시장의 점원들은 무척 쌀쌀했다. 초보처럼 보이는 내게 친절함까지는 바라지도 않았지만 비웃음은 반갑지 않았다. 그들을 매일 마주하는 게 만만치 않았지만 포기하지 않았다.

예산이 여유롭지 않아서 번번이 샘플을 달라고 사정해야 했고, 촬영 후 잘 팔리지 않으면 미안한 마음에 그들을 피해 멀리 돌아가곤 했다. 그렇게 계단을 뛰어오르며 먼저 시장을 배워나갔다. 그 후 시간이 흐르면서 제법 많은 사장님과 친해질 수 있었고, 잘 파는 업체들의 정보를 듣고 참고하기도 했다. 동대문시장에는 '매출이 인격'이라는 말이 있다. 하지만 그곳도 사람 사는 곳이며 진정성이 있다는 것을 알아갔다.

하지만 그렇게 많은 시간을 들여서 제품을 업데이트해도 방문자가 없으니 누가 우리를 알아줄 리 없었다. 구색만 갖춰놓은 채 3개월이라는 시간이 흘렀다. 파는 체력을 키우려면 적어도 3개월은 필요하다는 것을 그때는 몰랐다.

다양한 옷을 경험하고 만지고 촬영하다 보니 어느 정도 팔리는 패턴을 발견했다. 안목도 생기고 일이 숙달되면서 빠르게 촬영하는 구도를 사전에 정해두고 찍는 노하우도 터득했다. 가령 구두를 가장 잘 찍는 쇼핑몰에서 마음에 드는 구도를 찾아내고는 모든 구두를 그 구도로 촬영해 빠르게 선보였다. 카메라 셔터를 누르는 건 순식간이지만 제품의 각을 잡는 촬영 전 세팅은 시간이 많이 든다는 것을 알고 스니커즈 등의 다른 신발류도 비슷하게 촬영하기 시작했다. 모든 카테고리를 빠르게 채우기 위한 방법이었는데, 생각보다 효율이 꽤 좋았다. 지금도 창업하는 분들에게 다양한 카테고리가 아닌 한 카테고리를 집중적으로 공략하라며 그런 노하우를 알려준다. 오픈 초기에는 많은 업데이트를 해야 하는데 인력은 부족하니, 빠른 등록이 가능한 시스템을 찾아내 확률적으로 잘 팔리도록 만드는 것이 살아남는 길이다.

모든 영역에서 나름의 작은 패턴을 완성해 나갔다. 야외촬영과 실내촬영과 다림질, 쪽가위질, 사이즈 측정, 상품설명, 상품등록… 3명이서 이 모든 일을 해냈다. 히트상품을 만들지 못하면 굶어 죽는다는 각오로 매일 동대문시장에 나갔다. 매일 상품을 등록할 때마다 데뷔하는 마음, 무대에 서는 마음이었다. 지금도 나는 내가 파는 상품을 '자식들'이라고 말한다. 등록하고 끝이 아니라 끝까지 최선을 다해야 한다. 오탈자부터 상세페이지의 순서까지 더 보완할 것이 없는지 끝까지 살펴야 한다.

우리는 가을을 목표로 움직였지만 해당 시즌이 지나도록 지인들 외에는 거의 팔지 못했다. 그래도 마지막에 지인들에게 내가 장사한다는 사실을 적극적으로 알린 덕에 어느 정도 버틸 힘은 수혈할 수 있었다. 아직도 내가 토모나리의 사장인 줄 알고 있는 친구들이 꽤 있는데, 아마도 직원이 들을 수 있는 최고의 칭찬일 것이다.

지인들이 빠져나가면서 방문자는 거의 줄어들었고 그나마 간간이 들어온 주문도 거래처에서 빠르게 품절됐다. 첫 사업 실패의 아픔이 떠올라 여기저기 찾아다니며 광고를 배웠다. 그때만 해도 제대로 된 영상이 없어서 슬라이드 방식의 오버추어 교육자료를 수십 번씩 돌려보고 커뮤니티를 찾아가며 모르는 것을 물었다.

그렇게 해도 모르는 것투성이였다. 광고비 40만 원을 충전해 하루 만에 그 돈이 다 빠져나간 후 주문이 일어났는데, 그게 광고 덕분인지는 알 수 없었다. 40만 원은 내 한 달 치 월급에 해당하는 돈이었다. 이런 방식은 문제가 있다고 느껴 그때부터 광고를 깊게 파기 시작했다. 측정할 수 있는 방법을 알아내 광고효율을 실시간 지켜보며 제품을 준비하고 관련 검색어를 등록하는 작업의 반복이었다. 네이버 지식인과 블로그에 매일 제품에 대해 포스팅하고 카페에서도 활동하고 싸이월드 쪽지도 보냈다. 지금 내가 할 수 있는 일을 하자는 것은 지금도 변하지 않는 신념이다.

노가다 광고를 열심히 한 덕분에 조금씩 웹사이트 방문자가 늘어나기 시작했다. 후에 매출이 올라와 유료광고를 처음 해본 것이 오버추어 검색광고다. 로그분석도 이때 배웠다. 에이스카운터 로그분석 프로그램을 이용해 데이터를 실시간 분석하며 사이트를 개선했다. 지금도 이 방법은 변하지 않았다. 진짜 문제가 뭔지 찾고, 개선하고, 유입시키는 것이다. 진짜 문제는 분석을 통해 찾을 수 있다. 데이터 분석은 고객이 구매할 확률을 높여준다.

고정적으로 광고비가 나가기 시작하면서 피가 마르는 경험을 했다. 광고효율을 올리기 위해 카테고리를 넓히지 않고 히트상품 하나를 찾는 데 집중했다. 그렇게 다양한 시도를 하는 가운데 우리가 집중해야 할 카테고리가 보이기 시작했다. 초기에는 계절의 영향을 받지 않는 액세서리 잡화부터 등록했어야 했다는 사실도 후에 알았다. 상품 수명이 짧은 시즈널 제품은 초기에는 피했어야 했다.

이처럼 상품을 찾고 잘 표현하고 고객을 불러오고, 이를 분석하고 개선하는 일을 지속적으로 해내면 운영자의 관점이 생기는 동시에 기초체력이 만들어진다. 해당 쇼핑몰은 스마트폰이 없던 2007년 창업해 1년 만에 직원이 60명까지 늘었고, 월 매출 17억까지 달성했던 것으로 기억한다. 나중에 들은 이야기지만 당시 남성의류 쇼핑몰에서 월 매출 10억을 넘는 곳은 한 손에 꼽을 정도였다고 한다. 2년도 채 안 되는 기간에 달성한 쾌거다.

지금 보면 매우 단순한 방법이지만 태도와 자세만큼은 달랐다고 자부한다. 매일 아침 눈을 뜨면 사무실이 아니라는 게 아쉬울 만큼 일에 몰입해 있었다. 지금 생각하면 어떻게 그렇게 일했지 싶다. 낮에는 사이트를 살피고 저녁에는 동대문시장에 갔다가 아침 6시가 되어 집으로 갔다. 2~3시간 잔 후 오토바이로 40km를 달려 출근했다. 겨울에는 무릎이 얼어서 제대로 걷지 못할 정도였고, 70kg가 넘던 몸무게는 59kg까지 줄었다. 어느 날 오토바이 헬멧을 벗었더니 길을 가던 사람이 기겁했던 기억이 난다. 코피를 콧물인 줄 알고 닦다가 얼굴이 피범벅이 됐는데 너무 추워서 몰랐던 것이다. 꼭 성공해야겠다는 마음을 먹었기에 설날에도 크리스마스에도 연말에도 일을 택했다. 성공하기 전에는 집에 가지 않겠다는 절박한 마음으로 일하며 관점도 키우고 실무능력도 갈고닦을 수 있었다.

창업자들에게 반드시 나처럼 살아야 한다고 말하고 싶지는 않다. 다만 끝까지 가보는 시기가 한 번은 꼭 있어야 한다고 말한다. 그 과정을 거쳐야 무르익고, 그때의 배움과 경험이 지금의 나를 만들었다고 믿기 때문이다.

3부

흐름을 타고
나아가기

파는 방법은
어디에나 있다

처음 사업을 시작할 때는 잘 파는 방법이 존재할 거라 믿었다. 물론 틀린 믿음은 아니다. 아무리 좋은 상품이라도 파는 방법이 잘못되면 안 팔리고, 석유를 팔아도 망하는 사람은 망한다. 제품의 속성이 중요하고 그 기준을 아는 것도 중요하지만, 현장에서 일하다 보면 결국은 파는 방법이 많은 것들을 좌우한다.

처음에 내가 주목한 파는 방법은, 태도의 차이였다. 이제 막 사회생활을 시작했을 때 백화점 명품매장에 간 적이 있다. 어차피 내가 살 수 있는 금액대는 아니었고 그냥 구경삼아 갔는데, 정작 눈에 띈 것은 매장 스태프들이 일하는 방식이었다. 모든 스태프가 손에 흰 면장갑을 끼고 상품이 조금이라도 상할세라 귀하게 다루고 있었던 것이다. 물론 조금이라도 흠집이 나면 손해가 막심하기에 조심스레 다루기도 했겠지만, 생각해 보면 내가 파는 물건도 나에게는 그만큼 중요하면 중요했지 덜하지 않았다. 내가 우리 제품을 귀하게 여기고 그것을 표현한다면 다른 사람들도 귀하게 대할 거라 생각했다.

나는 명품매장 스태프의 모습을 잊지 않았다가 몇 만 원짜리 선글라스를 팔 때에도 흰 장갑을 끼고 손님을 맞았다. 큰 기대를 갖고 한 행동은 아니었지만 그만큼 물건이 좋다고 생각했던지 손님들의 관심이 눈에 띄게 달라 보였다.

이제 막 시작한 사업체라면 조금은 어설퍼도 나만의 파는 방법을 찾아가야 한다. 돌이켜보면 내가 이커머스를 해온 과정도 파는 방법을 찾겠다는 시도와 각오의 연속이었다. 멋지게 쓰긴 했지만 시련 혹은 삽질의 연속이었다. 처음 광고를 시작할 때는 관련 지식을 알지 못해서 바이럴 광고, 사실은 노가다 광고를 시작했다. 자본금이 부족하기도 했고 당시 가장 효율이 좋았던 툴이기도 했다. 이후 포털의 정책이 변화하면서 바이럴 광고는 점점 효력을 잃었고 가족을 포함한 지인들의 아이디는 거의 정지됐다. 다음 단계로 나아가기 위해 고수를 만나 조언을 듣고 콘텐츠와 광고를 8대 2로 놓고 광고 활동을 한 결과, 아이디 정지는 면했지만 효율이 떨어졌다. 다양한 프로그램이 난립하면서 수작업의 한계를 느끼기도 했다. 바이럴 작업은 유지하는 수준으로만 하고 다른 전략을 찾기 시작했다. 파는 방법을 익히기 위해 내가 거쳐간 과정을 키워드로 훑어보았다.

#검색광고

바이럴 광고효율이 떨어질 즈음 평균 매출이 올라오기 시작했고, 검색광고를 시작해야 했다. 어려운 광고용어를 익히느라 가장 애를 먹은 시기다. 이때부터 비전문가와 대화할 때는 전문용어를 쓰지 않는 버릇이 생겼는데, 지금도 이것이 고객의 눈높이에 맞추는 첫걸음이자 배려라 믿는다.

고생 끝에 공부를 끝냈다고 생각했지만 오버추어에 대한 기본 지식만 갖고 광고를 시작했더니 하루아침에 일주일 예산이 날아갔다. 막막했다. 설상가상으로 밤새 사입한 제품도 팔리지 않았다. 바이럴에 치중했다가 방문자가 빠지는 건 더 큰 문제였다. 조급한 마음에 즉시 예산을 잡고 방문자 수를 올리는 키워드 광고를 시작했다. 방문자는 늘었지만 역시 제품은 팔리지 않았다. 블로그나 지식인에서 제품을 검색해보고 찾아오는 방문자와 키워드 광고의 카피를 보고 찾아오는 방문자의 성격이 너무도 달랐던 것이다.

카디건 제품을 저렴한 가격(기본 디자인)과 유행하는 디자인, 퀄리티(비싼 제품)라는 3가지 구색으로 갖추고 연결 URL을 해당 카테고리로 설정했더니 카디건 판매량이 급증했다. 그동안은 방문자만 많았지 정작 고객이 구매할 제품은 없었던 것이다.

하지만 경쟁사에 비해 제품 업데이트가 턱없이 느렸다. 경쟁사들은 평균 10개를 올리는 반면 우리는 1~3개를 올리는 게 고작이었다. 업데이트 인력을 추가로 들이기엔 예산이 부족해 외주로 추가 고용하고 예산 내에서 업데이트를 진행했다. 색상을 맞추기 힘든 의류보다는 가급적 액세서리나 잡화를 업데이트해달라고 요청했다. 의류는 길게 잡아야 판매주기가 3개월인데 잡화는 생명력이 길다는 장점이 있었다. 실제로 가방과 잡화 중에는 4년 동안 카테고리 1위를 한 제품도 있다. 취약한 카테고리가 보완되니 평균 매출이 점차 안정되었다.

#로그분석

문제는 광고비가 빠져나가는 건 알겠는데 방문자가 얼마나 들어오는지, 어떤 키워드로 방문해서 얼마나 팔렸는지 모른다는 거였다. 돈을 쓰고도 어디에 쓰이는지 알 수가 없어서 로그분석을 배웠다. 당시 기본 로그분석 프로그램이 있었지만 다양한 서비스를 제공하는 건 아니었고, 이후 다양한 툴이 있는 에이스카운터 로그분석 프로그램과 호스팅 사가 제휴를 맺으면서 보다 상세한 분석이 시작되었다.

그런데 또 문제가 생겼다. 수치를 보는 것까지는 성공했지만 그 수치가 과연 정확하냐는 것이었다. 어디에도 '이 수치가 맞나요?'라고 물어볼 곳이 없었다. 수소문 끝에 다음 커뮤니티를 하나 찾아냈다. 그곳에서 다양한 사람들과 묻고 답하는 과정을 거치며 내가 파는 상품의 적정 구매전환율과 체류시간, 회원가입률, 재구매율 같은 기준을 만들어갔다.

로그분석을 터득하고 나니 다양한 매체에서 유입되는 전환율이 다 다르다는 것을 알게 되었다. 신생 커뮤니티에서 방문자가 유입되고 높은 전환율이 발생하면 즉시 전화해서 유료광고를 해보자고 제안했고, 예상대로 높은 수익을 올렸다. 차근차근 그러한 업체들과 블로그들을 섭외해 나갔다.

#경쟁우위전략

우리 쇼핑몰이 조금씩 눈에 띄기 시작하자 상위 업체들의 견제가 시작됐다. 경쟁업체들은 공격적인 마케팅을 퍼부었고, 도매에서 일부러 제품을 주지 않는 일도 있었다. 나중에 알게 된 사실이지만 회원 DB도 추출해갔다고 한다.

경쟁사는 우리보다 규모가 컸기에 패배는 예상된 수순이었다. 버티기보다는 전략을 변경했다.

"특정 제품군을 공략하자."

즉시 경쟁사 카테고리와 모든 상품을 분석해, 그들에게 가장 취약한 제품군과 주 매출 상품군을 찾아 공략에 나섰다. 수입 제품이 타깃으로, 수량이 적어 대형 업체들은 손대지 않는 제품군이었다. 즉시 제품에 맞는 키워드를 찾아 테스트를 시작했다. 업데이트할 때마다 키워드도 새롭게 등록했다. 제품을 직접 가져온 MD가 뽑아내는 키워드는 확실히 질이 달랐다.

키워드는 타깃이 가야 할 길을 알려준다. '야상'이라는 키워드에서 반응이 오면 해당 제품군을 집중적으로 업데이트했다. 시간이 지나면서 경쟁사와 차별화된 카테고리에서 높은 매출이 나오기 시작했다. 그에 따라 키워드도 점차 세부 키워드에서 대분류 키워드로 확장해 나갔다. 고정관념을 깨고 아우터에 속한 야상 같은 중분류를 대분류에 올려서 노출하기도 했다. 그만큼 팔 자신이 있었던 것이다.

#확률

이러한 일들을 할 수 있었던 것은 정답을 찾겠다는 각오로 확률을 만드는 데 주력했기 때문이다. 감각이 없다면 확률 신봉자가 되어야 한다.

특정 제품의 매출 의존도가 높다 보니 해당 제품이 품절되면 매출이 급락하는 상황을 막을 방법이 없었다. 고객이 자주 문의하는 내용을 기반으로 카테고리별 제품설명 양식을 만드는 데 정성을 다했다. 카테고리별 리더 상품을 발굴하지 않으면 다음 시즌에 굶어 죽는다는 각오로 제품을 키웠다. 확신이 있는 제품은 썸네일을 바꾸고 상세설명을 고치고 또 고치길 반복했다. 사진을 다시 찍는 것만 몇 차례, 그때마다 편집을 다시 했다.

썸네일만 바꿔도 판매율이 300% 넘게 증가하는 걸 경험했고, 카테고리별로 클릭이 잘 나오는 썸네일과 잘 팔리는 상세 페이지의 핵심을 알게 됐다. 각 카테고리를 리딩하는 제품군을 만들면서는 지속가능성에 힘썼다.

도매에서 제품을 매입할 때는 우리와 오래 거래한다는 약속을 받은 후 진행했다. 제작이나 전량매입 같은 방법을 썼고 이월 제품을 저렴하게 사들여서 독점 판매하는 방식도 병행했다.

경험이 쌓이자 잘 팔리고 클릭이 잘 나오는 상세페이지와 썸네일을 좀 더 수월하게 만들 수 있었다. 이제는 수정할 필요 없이 만들겠다는 각오로 제품 하나하나에 최선을 다했다. 한 제품이 잘 팔리기 시작하니 다른 제품들도 반응이 오기 시작했다. 재차 강조하지만 이는 감각이 아닌 확률의 영역이다.

이커머스는 결국 나의 제품이나 서비스를 파는 방법을 찾는 싸움이다. 당부하고 싶은 것은 '감'에만 의존해서는, 혹은 다른 사람들의 방법을 따라 해서는 영영 정답을 찾을 수 없다는 것이다. 물론 감각을 타고나는 사람도 있겠지만 극소수일 것이다. 백에 아흔아홉은 그런 감각에 기대서는 안 된다. 파는 감각, 아니 방법은 오직 경험을 거듭하며 만들어갈 수밖에 없다.

우리 돈 쓰지 않고
우리 고객으로 만드는 법

웹사이트의 구조적 문제를 끊임없이 해결하고 좋은 상품을 꾸준히 잘 팔고 있다면 어느 정도 성장의 발판은 마련한 셈이다. 그 후 지속적인 성장을 위해 필요한 것은 고객창출, 즉 새로운 고객을 끊임없이 데려오는 것이다. 성장의 정체나 하락은 새로운 돌파구를 만들지 못할 때 찾아온다.

물론 외부에서 일어나는 새로운 흐름을 활용해 '목적 있는 기획'을 해도 되겠지만 그것만으로는 부족하다. 웹사이트에서 고객을 위한 '꺼리'를 만들려면 이벤트 등의 프로모션을 계속해야 하는데, 지난달에 무료배송 이벤트를 했으니 이번 달에는 할인쿠폰을 보내는 식의 혜택을 반복한다면 고객은 더 이상 특별하다고 느끼지 않는다. 다른 업체들도 모두 하는 것이니 할인은 당연하다고 여기며, 심지어 할인해주지 않으면 손해를 본다고까지 생각한다. 이럴 때는 관점을 바꾸어 굳이 우리 돈을 쓰지 않아도 되는 전략으로 눈을 돌릴 필요가 있다.

실제로 웹사이트가 일정 규모 이상으로 성장하면 비용을 들여 사은품과 경품을 제공하기보다 다양한 제안을 통해 더 효율적인 이벤트를 시도하는 전략이 가능하다.

30~40대 여성을 타깃으로 하는 이커머스 업체에서 옷을 할인하거나 자체 사은품을 준비하는 대신, 명품 유모차 기업에 경품 협찬을 제안한 적이 있다. 댓글을 다는 고객에게 추첨을 통해 유모차를 증정하는 이벤트였는데, 많은 고객이 행사에 참여한 덕분에 목표한 만큼 신규 고객을 유치할 수 있었다.

이벤트 목적은 회원가입을 통해 고객 정보를 확보하는 것이었지만, 고객들에게 준 미션은 댓글을 남기라는 것뿐이었다. 물론 회원가입을 해야만 댓글을 달 수 있지만, '회원가입'이라는 전제조건을 붙이지 않았기에 고객은 실제 가입하면서도 이벤트 참여가 쉽다고 느꼈다. 회원가입이라는 심리적 장애물을 숨긴 덕에 유모차 브랜드 역시 많은 고객들에게 존재감을 심어 주는 데 성공했다.

이런 사은품은 자동차일 수도, 명품 가방일 수도, 어떨 때는 아이패드 같은 전자기기가 될 수도 있다. 내가 파는 상품의 가격을 할인해주거나 1+1처럼 하나 더 주겠다는 식으로는 고객을 계속 만족시킬 수 없다. 매출은 기존 고객과 신규고객의 합으로 이루어지며, 기존 고객을 지속적으로 만족시켜야 모든 이벤트가 성과를 내며 이어질 수 있다.

우리 사이트 방문자가 일정 규모 쌓이면 외부에 제휴를 제안할 수 있는 폭은 더욱더 넓어진다. 어느 정도 회원을 보유하고 있고 광고비용을 얼마 지출하고 메일을 어느 정도 보내는지 등의 데이터를 정리해, 다른 기업과 고객들이 좋아할 만한 메시지의 소재를 제안하는 방법도 가능하다.

어느 의류 쇼핑몰의 이야기다. 대표가 늘 해외 촬영만 고집했는데 한 번 촬영할 때마다 들어가는 경비가 수천만 원을 족히 넘었다. 그 정도 돈을 들였는데도 매출은 따라오지 않았다. 더 큰 문제는 촬영과 업데이트에 오래 걸리는 해외 촬영의 특성상, 그사이에 거래처에서 제품이 품절되거나 고객이 주문해도 판매되지 않는 상품이 되어버리기 일쑤였다는 것이다.

결국 경비를 줄이고 수준 높은 촬영물을 확보할 방법을 모색하다 여행사에 제안 메일을 보내기로 했다. 여러 여행사에 우리 사이트의 방문자와 광고비용을 공유하고 이렇게 많은 방문자가 찾아온다는 사실을 알렸다. 해외에서 직접 촬영한 이미지를 여행사도 콘텐츠로 활용할 수 있다고 하며 협찬을 제안했다. 그 결과 한 여행사와 제휴를 통해 해외 촬영을 무료로 진행할 수 있게 되었다. 몇 년이 지났지만 그 관계는 지금도 유지되고 있다.

이것이 관점의 전환이다. 프로모션을 시작할 때는 예산의 많고 적음만 따질 것이 아니라, 내가 실행할 수 있는 내용인지를 보아야 한다. 지금 잘나가는 이커머스가 과거 자금이 부족했을 때 무엇을 활용해 성장했는지, 그 전략과 노하우를 들여다보며 우리만의 방법을 찾아보자.

고객 관점과
전문가 관점 사이에서

앞에서 모르는 것이 있으면 당장 고객에게 물어보라고 말했다. 그만큼 고객은 중요하다. 고객 없이 잘되는 사업은 없다.

사전에서 고객의 의미를 찾아보면 '상점에 물건을 사러 오는 손님'이라고 나온다. 우리 물건을 사러 온 사람에게 반드시 팔고 싶다는 마음이 생기는 것은 당연하다. 하지만 팔려는 의지가 너무 앞선 나머지 그 마음을 고객에게 들키는 순간 고객은 의심에 빠진다.

'이 사람을 믿어도 되는 걸까? 나에게 하나라도 더 팔려는 건 아닐까?'

현명한 판매자라면 팔겠다는 생각에 매달리기보다 물건이 팔리도록 자연스럽게 설득해야 한다. 팔리게 만드는 특별한 방법은 없다. 고객의 이야기를 차분하게 듣는 데에서 시작해 상대의 상황에 공감할 수 있으면 된다. 올바른 접객이 '공감'에서 출발한다고 누누이 강조하는 이유다. 상품이 팔리는 비밀은 유능한 거래가 아닌, 상황을 이해하고 공감하는 관계에 숨어 있다.

이때 잊지 말아야 할 포인트가 있다. 고객의 의견을 듣고 고객의 상황을 공감하는 것도 중요하지만, 결국 상품을 파는 책임은 판매자가 져야 한다는 것이다.

판매자는 전문가로서 자신이 파는 제품이 얼마나 매력적인지 설득할 수 있어야 한다. 그런데 고객 관점에서 생각하라고 했더니 고객이 모든 해답을 알고 있는 것처럼 그쪽만 목을 빼고 바라보는 이들이 있다. 전문가로서 관점을 확립하지 않은 채 고객의 반응에 일희일비하다가는 자신이 파는 상품을 제대로 알려보지도 못하고 끝나버리기 십상이다.

이커머스에서 많이 볼 수 있는 비즈니스 모델 중 하나가 중개업이다. 편집숍이나 인플루언서 공동구매와 같은 업의 특성은 직접 제품을 만드는 것이 아니라 다양한 제품 중에서 자신의 안목으로 골라낸 것들만 고객에게 소개한다는 것이다. 고객을 대신해 전문가 관점으로 검증하는 것이다. 그런데 여기서 '고객의 의견'에 의존하다 덫에 빠지는 경우가 생각보다 많다.

평소 안목이나 취향이 좋은 사람들 가운데 자신이 고른 물건을 SNS에 소개하기 좋아하는 이들이 중개업에 발을 들였다가 큰코다치는 경우가 종종 있다. 소비자로서 갈고닦은 기존의 고객 관점에 판매자로서의 전문가 관점을 더하지 못해서 생기는 일이다. 고객으로서 좋게 생각한 제품을 추천하며 일을 시작하는 것은 물론 옳지만, 개중에는 전문가 관점이 빠진 개인의 취향이나 지식에 머무는 경우가 많다. 그런 상태로 팔로워들의 응원만 믿고 덜컥 창업했다가는 생존하지 못할 확률이 굉장히 높다. 설령 고객 관점으로 시작한다 해도 사업을 영위하려면 전문가 관점을 지속적으로 쌓아야 하고, 그것을 자신 있게 밀고 나갈 수 있어야 한다.

쌀 전문가라면 어떨까? 쌀에 대해서라면 하루 종일이라도 말할 수 있어야 한다. 적어도 내가 만나본 전문가들은 그랬다. 나는 판매자들을 만날 때마다 '자신이 판매하는 상품에 대해 3시간 동안 이야기할 수 있는가? 그리고 한 문장으로 정리할 수 있는가?'라고 묻는다. 전문가 관점과 고객 관점을 모두 가지고 있어야 자신이 파는 물건을 소개할 수 있다. 상세페이지를 만들 때 헤드 카피는 고객 언어, 바디 카피는 전문가 언어로 구성하라고 말한 것도 이 때문이다.

전문가 관점을 잃지 말아야 하는 또 다른 이유는, 이것이 있어야 자신의 사업을 계속해서 끌고 갈 수 있기 때문이다. 독창성의 가치를 잃어버린 중개업은 더 이상 매력적이지 않다. 걸핏하면 중복 시상하는 지루한 연말 시상식을 떠올리면 상상하기 쉬울 것이다. 남들도 다 아는 물건을 올려놓고 파는 업체는 결국 '낮은 가격'으로 승부할 수밖에 없다. 이커머스로 지속가능한 비즈니스를 만드는 비결 중 하나는 경쟁자에게 없는 자신의 안목과 취향으로 정제해 엄선한 제품을 파는 것이다. 전문가 관점은 '책임'이며, 고객의 언어는 와 닿는 '제안'임을 기억하자.

절실한 것은 매출인가, 브랜딩인가?

콘텐츠를 잘 만든다고 소문난 이커머스를 상담한 적이 있다. 상품 사진이나 웹사이트 디자인, 콘텐츠의 톤앤매너 등이 좋기로 유명한 업체였지만, 그만큼 매출이 나오지 않는 것이 대표의 고민이었다. 그에게 몇 가지 팁을 알려주자 단박에 매출이 수백억에서 1000억대까지 올랐다. 좀처럼 보기 힘든 가파른 상승이었다.

예쁘고 멋진 웹사이트가 잘 안 되는 이유는 대개 비슷하다. 상품을 멋지게 보여주겠다는 이유로 디자인에 치중하느라 정작 고객의 편의성을 챙기거나 구매심리를 충분히 자극하지 못한 것이다. 당연히 내부에서도 멋진 이커머스에 다닌다는 자부심을 느낄 테고 고객들도 멋진 사진과 감성적인 콘텐츠의 플랫폼으로 인식하겠지만, 정작 제품을 살 때는 가격이 더 낮거나 기타 구매조건이 편리한 곳을 택할 확률이 높다. 더욱이 대중에게 알려진 유명 브랜드는 구매 전에 가격비교를 해보는 것이 소비자들 사이에 하나의 습관처럼 되고 있다. 이에 대해 대비해두지 않으면, 정작 제품은 우리 웹사이트에서 발굴하고 더 저렴한 경쟁업체에 고객을 갖다 바칠 확률만 높아진다.

"예쁘면 다 잘 팔려요"라고 말하는 사장님들이 있다. 물론 예쁘면 필요 없는 것도 사는 사람들이 있으니 틀린 말은 아니다. 그런데 이 말에서 간과하기 쉬운 요소가 있다. 바로 가격이다. 저 말에는 '예쁘면 (비싸도) 잘 팔려요'라는 괄호 속 기대가 숨어 있다. 이것이 이커머스 운영자들이 자주 하는 실수다. 예쁘면 좋겠지만 그렇다고 손해 보면서까지 살 소비자는 없다.

처음 몇 번이야 예쁘면 비싸도 산다. 모든 소비자가 일일이 가격을 비교하지는 않기 때문이다. 하지만 같은 제품을 내가 산 것보다 더 낮은 가격에 판매하는 곳이 있다면? 소비자들은 더 이상 우리 서비스를 신뢰하지 않을 것이다.

이는 '예쁘게 제품을 잘 진열했지만 바로 옆 상점에서 대충

진열하고도 더 싸게 판매한다면?'이라는 질문으로 바꾸어볼 수도 있다. 이럴 경우 우리는 그저 옆 상점의 홍보 채널 역할에 그칠 뿐이다. 그렇다면 전략을 바꾸어야 한다. 예쁘기만 하고 돈은 못 버는 홍보 채널이 아니라, 멋있는 홍보로 수익을 내는 방식을 고민해야 한다.

이는 곧 브랜딩에 대한 고민이기도 하다. 여러 사업자를 상담하다 보면 커머셜과 브랜딩 사이에서 고민하는 이들이 무척 많다. 돈도 많이 벌어야 하지만 너무 매출만 따지는 업체로 보이고 싶지는 않다는 것이다. 가능하면 멋있는 브랜드로 인식되고 싶다는 것이다. 비단 이커머스만이 아니라 브랜드를 운영하는 입장이라면 누구나 할 수밖에 없는 고민이다.

이 고민이 단적으로 드러나는 것이 광고와 홍보다. 브랜딩에 중점을 두는 많은 이커머스가 광고에 소극적인 모습을 보이곤 한다. 흔히 커머셜은 상업성, 브랜딩은 예술성으로 구분하기 때문일 것이다.

일반적으로 광고의 목적이 수익이라면 홍보의 목적은 감성을 움직이고 브랜드를 알리고 소비자가 우리를 인지하도록 만드는 것이다. 창업 초기에는 광고를 해야 하며, 차츰 유료광고와 무료광고를 병행하는 것이 바람직하다. 문제는 이때 생긴다. 광고와 홍보가 혼용되는 것이다. 수익을 원하면서 홍보에 치중하고, 좋은 이미지를 구축하고 싶다면서 광고 폭격을 한다면 캠페인이 성공할 수 없는 게 당연하다. 사전에 브랜드 방향에 대해 충분히 논의한 후 결정했다면 선택의 어려움을 줄일 수 있었을 텐데, 그러지 못한 채 시작하거나 초심(?)을 잃는 경우가 생각보다 적지 않다.

그렇다면 어떻게 해야 할까? 결론부터 말하면 둘 다 해야 한다. 하지만 어느 쪽으로 치우치면 안 된다. 예술성과 상업성을 다 가지고 있어야 단기적인 성과와 중장기적 성과를 모두 낼 수 있다. 멋있어 보이고 싶어도 성과는 내야 하며, 퍼포먼스를 챙기면서도 브랜딩은 염두에 두어야 한다. 이커머스에서 브랜딩을 전혀 신경 쓰지 않는다면 브랜드에 핵심가치가 없다는 것이고, 그것은 가치와 기준이 없다는 뜻이기에 사업이 지속될 수 없다.

지금 우리 회사에, 브랜드에 절실히 필요한 것은 매출인가, 홍보인가? 창업 초기 사업이 궤도에 올랐을 때쯤 반드시 논의해야 할 전략방향이다.

방향과 방법의 차이를
아는 것이 프로다

모두가 프로처럼 일하길 꿈꾸지만 그러지는 못하는 것 같다. 프로와 일하려면 혹은 프로처럼 일하려면 최소한 방향과 방법의 차이는 알아야 한다.

조직의 의사결정권자들을 코칭하면서 수없이 당부하는 것이 다음의 두 가지다. 바로 빠른 의사결정과 유연하게 상황에 대처하는 능력이다. 모두 아는 것일 텐데 많은 리더가 빠른 의사결정을 어려워한다. 기준이 없거나, 있어도 명확하지 않기 때문이다. 프로는 수많은 경험을 통해 그 기준을 안다. 기준을 알면 신속한 의사결정이 가능하다. 방향과 방법의 차이를 아는 것도 그 기준 중 하나다.

예를 들어보자. 이커머스에서 구매전환율이 5%라 하면 굉장히 높은 수치지만, 관련 경험이 적거나 배경지식이 없는 이들은 5%가 낮은 숫자라 생각한다. 기준을 알지 못하기에 더 확장할 수 있는 기회가 왔는데도 내버려두거나, 잘되고 있는 것들을 굳이 변경해 어려움을 자초하는 경우가 수없이 많다. 편의점에서 파는 라면이 2000원이면 비싸게 느끼지만 식당에서 라면을 2000원에 팔면 싸다고 느끼는 것은, 우리가 라면 가격의 기준을 알고 있기 때문이다. 하지만 우주선 가격이 1000억이라 하면 과연 적정한 가격인가? 일반인은 알기 어렵다. 그런데 사업에서는 라면이 아니라 우주선 가격을 판단해야 할 때가 훨씬 많다. 특히 사업 초기에는 나도 잘 모르면서 결정해야 하는 것들이 한두 가지가 아니다.

나도 다르지 않았다. 내가 이커머스를 막 시작했을 때에는 어디에도 물어볼 곳이 없었다. 당시의 이커머스는 현재와 달리 본격적으로 (그리고 과학적으로) 하는 사람이 많지 않아 정보가 턱없이 부족했다. 광고를 해야 한다는 것은 알았지만 지금 해도 되는지, 얼마를 해야 하는지 전혀 알지 못했다. 감을 잡기도 어려웠다. 고객이 그 답을 알 리 없고, 선배들의 조언이 절실히 필요했지만 물어볼 방법을 몰랐다. 여러 커뮤니티에 가입해 질문도 하고 답변도 들었지만 업종마다 기준이 제각각이었다.

그러다 우연히 동대문시장에서 이커머스 사업자의 조언을 들었다. 그분은 내게 '기준'이라는 정말 소중한 정보를 주었다. 내가 가장 알고 싶었던 것은 우리 업계의 평균이었는데, 평균 구매전환율이 1%라는 정보를 알게 된 것이다. 당시 내가 운영하던 이커머스의 구매전환율이 3% 정도였으니 꽤 높은 수치였던 셈이다. 결국 나는 과감하게 광고를 집행할 수 있었고, 매출을 키워나갈 수 있었다.

과거의 나를 포함한 초보 사업자들의 특징은 기준이 없는 상태에서 무언가 덜컥 결정하곤 한다는 것이다. 때로는 그런 선택으로 성장할 수도 있겠지만 지속적인 성장은 어림없다. 운이 좋아서 또는 감이 좋아서 잠깐은 잘될지 몰라도 훗날 다시 어려움을 겪기 십상이다. 운을 실력으로 착각하기 때문이다.

실력이 뛰어난 프로는 자신에게 주어진 운이 운인 줄 알아보는 사람이다. 나아가 '업의 기준'을 가진 사람이다. '구매전환율 1%'와 같은 업의 기준 말이다. 이것을 아는 첩경은 많이 경험해보는 것이겠지만, 그 외에 책을 통해 배울 수도 있고, 선배 사업가에게 배울 수도 있다. 경영자들이 공부를 게을리하지 않아야 하는 이유다. 업의 기준을 알아야 지금 상태가 좋은지 나쁜지 알고 의사결정을 할 수 있다. 우주선이 아니라 라면값 따지듯 사정을 훤히 꿸 수 있다.

나아가 기준이 바로 서면 올바른 방향을 결정할 수 있다. 의외로 많은 사업자가 방향과 방법을 혼동해 일을 그르친다. '왜 이 일을 하는지'가 방향이고 '어떻게 하는지'가 방법이다. 방향과 방법 서로 부합해야 원하는 목표를 이룰 수 있다.

같은 방향을 가면서도 이기는 길은 남들과 다른 방법을 찾아내는 것이다. 가령 이커머스 사업을 하면서 신문광고에 돈을 쓴다면 방향이 잘못된 것이다. 반면 온라인 배너광고를 하는데 효율이 떨어진다면 방법이 잘못된 것이다. 이때는 광고문구나 이미지 등을 점검해야 한다. 일례로 네이버 광고 중 쇼핑박스 영역은 상단에 노출하는 광고비가 일주일에 1000만 원 정도다. 보여지는 것은 비슷하나 어떤 업체는 하루 2000명의 클릭을 받고 어떤 업체는 2만 클릭을 받는다. 고작 두 줄짜리 문구와 손톱 크기의 이미지 하나인데 같은 업종에서도 이렇게 결과가 다르다. 같은 광고를 하지만 방법이 다르기 때문이다.

나 역시 방향이 틀린 것인지 방법이 틀린 것인지 헷갈려 헤맨 적이 많았다. 처음 쇼핑박스 광고를 집행할 때였다. 큰 금액의 지출을 하는데 결과를 모르니 광고를 집행하면서도 두려웠고, 맞닥뜨린 결과는 최악에 가까웠다. 평균에도 못 미치는 클릭률을 보면서 이렇게 일주일을 허비할 수는 없다고 생각했다. 방법을 찾기 시작했다. 우선 광고문구에 문제가 있다고 보았다. 다음 카페나 커뮤니티를 돌아다니며 조회수가 높은 게시물의 제목에서 힌트를 얻었다. 내가 쓴 광고문구가 어떤 결과를 낳을지 등록해보기 전에는 알 수 없지만 커뮤니티 게시판의 조회수를 보면 어느 정도는 예상 가능하다. 조회수가 높은 게시물 제목을 참고해 광고문안을 쓰자 최고의 클릭률이 나왔고 매출도 덩달아 수직으로 상승했다. 방법을 찾은 것이다!

즉 내 경우 광고를 진행하는 것이 잘못된 방향은 아니었다. 이럴 때는 제대로 된 방법만 찾으면 된다. 흔히 노하우라 말하는 것들은 이러한 방법을 뜻한다. 식당을 하겠다는 마음가짐은 누구나 가질 수 있지만 줄 서는 맛집이 되는 방법을 누구나 알지는 못한다.

그렇다고 방법의 덫에 빠지지는 말자. 아무리 뛰어난 방법을 안다 해도 방향이 잘못되면 모든 것이 실패한다. 흔히 하는 실수가 방법이 틀렸다는 이유로 올바른 방향을 틀어 다른 쪽으로 가버리는 것이다. 내가 잘못 생각한 것이 방향인지 방법인지를 아는 게 먼저다.

이커머스를 하겠다고 방향을 정했고 왜 해야 하는지 이유도 알고 있다면 어떻게 남다르게 할 것인지 방법을 찾아보자. 물론 '왜 해야 하는지'조차 모른 채 시작하는 이들도 많이 본다. 사업 초기에는 방향과 방법을 구분하지 않아도 과감히 실행하는 게 처방이 되기도 한다. 그러나 사업은 도박이 아니기에 어설픈 운이 오래 이어질 수 없다. 남들이 해서 잘되니까 나도 잘될 것 같아서, 또는 유행하니까 한다는 마음가짐으로 일을 시작한다면, 다시는 돌이킬 수 없는 방향으로 가버릴지도 모른다.

장사가 안 될 때
짚어봐야 할 것들

"왜 장사가 안 되는 걸까요?"

이커머스 사업자들만의 질문은 아닐 것이다. 기본을 지키면서 최선을 다하면 망하지는 않는다고 했는데 왜 매출이 안 오르는지, 누구나 의문을 갖는다.

경쟁상대가 많아서, 신규 창업자가 많아서만은 아니다. 오늘날 모바일 시장의 성장속도는 신규 창업자들을 감당하고도 남는다. 비대면과 온라인이라는 특성상 코로나19 특수를 입을 수도 있다. 그런데 자리잡았다고 할 만한 업체들도 매출 정체를 극복하기 힘들어한다. 왜 수많은 업체가 매출 고민을 하는 걸까? 수많은 신생업체가 대박 쇼핑몰을 벤치마킹하며 더 싸게 파는데도 왜 더 많은 매출을 올리지 못하는 걸까?

이 의문에 대한 답을 몇 가지 키워드 형태로 정리해보았다.

#마진 확보

마진 없이 판매하는 건 누구라도 할 수 있다. 그런 건 마케팅이 아니다. 1만 원짜리 100개를 팔아 10만 원 남기는 것보다 10만 원짜리 10개를 팔아 50만 원을 남기도록 기획해야 한다. 사야 할 이유가 있는 브랜드는 고객이 좀처럼 떠나지 않는다. 가격도 싸야 하는 것이지, 가격만 싸다고 살아남을 수 없다.

#감도

부끄럽다는 이유로 팔리는 제품을 팔지 않는 곳들이 있다. 살아남기 전에 브랜드와 감도를 이야기하는 건 오만이다. 쇼핑몰의 실력은 매출로 결정된다. 일정 규모 이상으로 성장하기 전까지는 당신의 웹사이트가 얼마나 멋있고 쿨한지 사람들은 관심이 없다.

#제품

사입하지 않고 자체제작하는 제품은 한번 결정하면 변경이 어렵다. 그러니 내부에서 더 많이 테스트해보고 충분히 실패해야 한다. 출시 후 실패하면 돌이킬 수 없다. 고객 관점에서 기준을 정리하고, 그에 맞게 제품을 보완한 후 출시해야 한다. 가장 쉬운 방식은 지인들의 피드백이다. 단, 강매는 금물이다. 지인들이 사주는 게 아니라 저절로 팔리게 해야 한다. 많은 실패를 거쳐 반드시 팔리는 제품을 만들어야 한다. 스스로 판단하기에 감이 좋지 않다면 확률로 생각하고 확률을 믿자.

#자기 채널 확보

온라인에서 자기 채널이 있는 업체와 없는 업체는 광고비 지출에서 큰 차이를 보인다. 최근 미디어커머스 쪽으로 투자금이 많이 들어가다 보니 너도나도 뛰어들고 있다. 광고도 몰린다. 광고의 구좌는 한정되어 있으니, 자연히 노출되는 구좌에 제한이 생긴다. 광고비의 효율이 과거에 비해 절반도 되지 않는 이유다.

외부 환경의 좋지 않은 영향을 덜 받거나 지연시켜 시간을 버는 길은 결국 자기 채널 구축이다. 가령 네이버 스토어팜 1위라는 고정 매출을 내면서 내부 인력과 시스템에 투자했는데, 스토어팜의 순위 밖으로 밀려나게 되면 그 업체는 어려워진다. 네이버라는 외부 채널에만 기댔기 때문이다. 포털과 SNS에 들어가는 광고비를 계속 지출하지 않으려면 자사몰 자체를 마케팅하고 알려서 지속적으로 성장해야 한다. 키워드 전문가, 인스타그램 전문가, 페이스북 전문가라는 좁은 틀에 갇히지 않고 모든 채널을 공략할 수 있어야 한다.

무엇보다 자기 채널에 들어가는 콘텐츠는 남의 것이 아닌 자기 이야기여야 한다. 유튜브를 하느냐 방송에 나오느냐의 문제가 아니다. 외식업계의 백종원 대표는 이제 어디로 갈 것인지만 결정하면 된다. 자기 경험으로 말하기 때문이다.

#단어

우리가 사용하는 단어에는 힘이 있다. 부정적인 힘과 긍정적인 힘 모두 있다. 그렇게 많은 정치인들이 선거철만 되면 전통시장을 방문해 상인들을 독려해도 전통시장이 대형마트나 마켓을 이길 수 없는 것은 시스템이 아닌 인식 때문이다. 아무리 좋은 수식어를 붙여도 우리에게 익숙한 '재래시장'이라는 단어는 더 이상 잔칫날처럼 시끌벅적하고 기분 좋은 즐거움을 주지 못한다. 잔칫날을 컨셉으로 전통시장을 새롭게 디자인하고 그 분위기에 걸맞은 이름을 주어야 살아날 수 있다. 마찬가지로 우리만의 상품을 연상시키는 단어를 만들면 인식의 싸움에서 승리할 수 있다.

이 중 하나라도 제대로 한다면 일정 수준까지 성장하는 것은 어렵지 않다. 만일 그렇게 했는데도 결과가 좋지 않다면? 모두 지키려다 하나도 지키지 못했기 때문일 것이다.

절박함,
나와 고객을 설득하는 일

유명 패션 브랜드를 운영하는 지인이 국무총리상이라는 큰 상을 받았다. 축하를 해주는데 오래 전, 그가 배송을 배우겠다며 몇 주 동안 일반 쇼핑몰에서 배송 일을 돕던 모습이 기억났다. 그렇게까지 해야 했던 이유를 물어보았다.

"특별한 능력이 없어서요. 지금도 그때 그 마음으로 일해요."

그의 대답이었다. 처음 옷을 만들었는데 MD가 만나주지 않아 화장실에서 샘플을 들고 4시간을 기다려 겨우 입점한 것이 브랜드의 시작이라 했다. 지금은 수백억 매출을 올리는 패션 브랜드 '앤더슨벨'은 그렇게 탄생했다.

"이번 해외 수출에서 상품 전시 시간이 8시간이었어요. 모두가 한두 시간만 상품을 전시하고 나갔는데, 저희는 전시장 문을 열고 들어와서 문을 닫고 나갔어요."

이유를 물으니 뭐라도 할 수 있는 게 있지 않을까 싶었다고 했다. 라벨을 어느 위치에 달아야 할지 마지막까지 치열하게 고민했다고 했다. 결국 그 유명한 브랜드들 사이에서 가장 많은 주문을 받아냈다고 했다. 그가 해준 말이 지금도 또렷하게 생각난다.

"저는 절박함으로는 누구에게도 지지 않을 자신이 있어요."

달변이 아니라고, 영업력이 없다고, 인맥이 없다고 하소연하는 이들을 본다. 단지 절박함이 없을 뿐이다. 절박하다면, 간절하다면, 정말 벼랑 끝에 있다면 그 절박함은 설득력이 된다. 부끄럽다는 이유로 두렵다는 이유로 시도조차 않는다면 그래도 아직은 비빌 언덕이 있다는 뜻이다. 지금 움직이지 않으면 그 언덕마저 없어진다. 늦은 일은 없다. 지금 해야 할 일이 있을 뿐이다.

나 역시 그랬다. 한때 나는 대인기피증과 우울증을 깊게 앓았다. 만나는 사람마다 붙잡고 신세 한탄을 했다. 매일 눈물이

났고 화내기를 반복했다. 부끄럽지만 내 탓이 아닌 남 탓을 시작하니 멈출 수가 없었다. 일이 손에 잡히지 않았고, 소주 한 잔도 못하던 주량이 3병까지 늘었다. 건강마저 급속도로 무너졌다. 매일같이 슬픔에 잠겨 있는 사람을 계속 달래주는 사람은 없었다. 어느 순간 비빌 언덕이 정말 없어졌다. 그래서 다시 일을 시작했다. 열성적으로 사람을 만났다.

그때 만난 어느 선배님이 같은 일이 반복된다면 그 원인은 스스로에게 있는 것이고, 각오를 하면 감당할 수 있는 일이라는 말을 해주었다. 상처받을 각오를 하고 사람을 만나고 일을 시작하니 다시 감각이 깨어났다. 공원에 산책을 가거나 샤워를 하는 것 같은 간단한 일부터 실행했다. 왜 그런지 알 수 없지만 건강도 많이 회복됐고 우울증은 씻은 듯이 사라졌다. 뭐라도 좋으니 일단 하라는 이유가 그런 거였다.

세상을 등진 것처럼 살던 사람이 다시 움직이니 주변에서 도와주기 시작했다. 아는 동생이 수천만 원이나 되는 큰돈을 갚지 말라는 말과 함께 놓고 갔다. 도전하라며 7000만 원가량을 그냥 투자해준 형님이 있었고, 물건값에 쓰라며 5000만 원을 넣어준 친구, 자문료라면서 한 달에 한 번도 안 만나는 내게 300만 원씩 꼬박꼬박 넣어준 동생도 있었다. 그 외에도 받은 도움이 너무도 많다. 주변 사람들이 수렁에 빠진 나를 망하지 않게 지켜주고 손을 잡아 구해주었다. 늘 퍼주고 산다고 잔소리를 듣지만, 위기에 빠진 나를 도와준 이들에게 평생 갚아야 할 감사함이 여전히 많이 남아 있다.

어려운 기간 나를 지원해주던 지인의 부탁으로 이제 막 이커머스에 뛰어든 건강기능식품 브랜드의 운영을 맡았다. 해당 브랜드는 출시 두 달 만에 흑자로 전환했고 1년이 지난 즈음 카테고리 1위로 성장했다. 1000억이 넘는 매출을 달성했다. 3년이 지났지만 여전히 고객사로 관계를 이어가고 있다.

물론 그 와중에 사기를 치는 사람도 있었다. 또 당하느냐, 대체 그렇게 해주고 무얼 남기느냐는 질문에 나는 사람과 흐름을 읽는 안목을 갖게 됐다고 말한다. 나는 아무것도 잃지 않았다. 오히려 그 덕에 다시 일어설 수 있었다.

정말 아무것도 없다고 생각한다면? 절박한 마음으로 무어라도 시도하면 된다. 어느 절박했던 날, 나에게 하는 다짐을 남겼다.

"우리는 모두 생존을 위해 치열하게 고민하는 단계입니다. 오픈 후 포기하거나 다 됐다고 말하는 것을 경계해야 합니다.

우리는 앞으로도 흥미진진한 이야기들을 많이 만들어갈 겁니다. 이제 겨우 시작을 앞둔 단계입니다.

올림픽에 나가는 선수들은 감기약도 먹지 않는다고 합니다. 도핑테스트에 걸릴 위험도 있지만, 그로 인해 자칫 수년간의 노력이 수포로 돌아갈 수 있기 때문입니다. 징크스 때문에 씻지 않거나 수염을 기른다거나 특정 컬러의 속옷을 입거나 부적을 지니고 다니는 행동은 과학적이진 않지만 그만큼 정신을 굳게 다지는 행위이기도 합니다. 반드시 그렇게 되도록 만들겠다는 강력한 의지이자 투지인 것입니다. 누군가 하겠지 하며 믿고 맡기는 아마추어가 아니라 우리 모두 프로처럼 일하고 성장해야 합니다. 성웅 이순신 장군은 죽고자 하면 산다고 말했습니다. 그 정신을 우리는 배워야 합니다.

우리가 원하는 것은 어떤 숫자가 아닙니다.
이 브랜드와 함께 우리가 위대해지는 것입니다.

그러한 꿈을 달성하기 위해 당부하고 싶은 것은 계속해서 작은 확률을 개선해가야 한다는 것입니다. 마법같이 한순간에 일어나는 건 없습니다. 그렇게 보일 뿐입니다. 매일 어제와 싸우고 오늘을 이겨내야 가능한 일입니다. 아주 작은 확률이라도 0.1%가 매일 쌓여 100%에 가까워지는 싸움을 해야 합니다. 그렇지 않으면 매일 죽을 확률이 쌓여갈 뿐입니다. 우리는 그것을 이겨내는 방법을 알고 있습니다. 생각이 아닌 실행과 관심이 필요합니다. 막히거나 모르면 답을 아는 이에게 물어보면 됩니다. 어떤 시도라도 좋습니다. 그러기 위해 필요한 것은 어떠한 능력이 아니라 일을 대하는 우리의 태도입니다.

저 역시 중요한 날에는 노란 옷을 입습니다. 지푸라기라도 잡는 심정으로 그렇게 매일 다짐합니다. 반드시 그렇게 만들겠다고, 세상을 깜짝 놀라게 만들겠다고. 우리가 같이 한다면 해낼 수 있습니다."

누군가를 책임져야 할
당신에게

'나 코치'라는 이름으로 불러주시는 분들이 있지만 코칭, 즉 누군가를 가르친다는 것은 매우 어려운 일이다. 그중에서도 기본을 이야기하는 일은 몇 곱절 더 어렵다. 가급적 업력 3년을 채워야 코칭할 수 있다고 조건을 거는 이유도 스스로 훈련해 기본기를 갖추기까지 시간이 필요하다고 믿어서다. 경험상 그 과정을 겪은 다음에야 자기 생각을 잣대로 일하는 수준에 도달하는 것 같다.

3년이나 일했는데 내가 왜 남에게 배워야 하냐고 생각할 수도 있다. 그에 대해 장사는, 사업은 다른 누군가를 책임져야 하기 때문이라고 대답하겠다. 혼자일 때는 길을 잘못 들어도 다시 나와서 방향을 바꿔서 가면 되지만 다른 이들을 이끄는 역할을 맡았다면 가급적 시행착오를 줄이며 옳은 길로 이끌어야 한다. 그것이 리더의 역할이며 창업자의 책임이기에 끊임없이 배워야 한다.

끊임없이 배워야 한다고 해서 매번 새로운 것을 배우라는 뜻은 아니다. 어쩌면 기본을 지키는 것이 내가 강조하는 배움의 전부다. 기본을 지켜야 변화와 외부의 흐름을 활용하는 수준에 도달할 수 있다. 코칭을 하다 보면 의외로 기본을 지키지 않아서 경쟁력을 잃는 경우를 많이 본다. 어설픈 기교를 시도하다 실패하는 것도 기본을 지키지 않았기 때문이다. 이커머스에서는 새로운 변화에 잘 적응하고 트렌드에 앞서가는 재기발랄한 사람들이 유리할 것 같지만, 정작 지식이나 기교가 부족해서 망한 경우는 없다. 가장 어려운 전투는 내 안에 존재하는 결심의 전투다.

나 역시 리더이자 코치로서 기본을 지키기 위해 평소 일하는 도중 생각난 것들을 적어두며 새롭게 다짐하곤 한다. 다음의 글은 그중 하나다.

1. 생각을 시각화하는 능력을 배워야 한다. 배워두면 회의에서나 사람을 설득할 때 그렇지 않은 사람과 많은 차이를 보인다. 글, 포토샵, 그림, 영상, 사진 등 모두 중요한데 꼭 하나를 고르자면 그림을 추천한다. 그림을 잘 그리는 사람은 나중에 툴을 다루더라도 금방 익힐 수 있다. 이커머스에서 예술적인 재능은 큰 경쟁력이다. 같은 상품을 팔아도 잘 파는 기업은 더 예쁘거나 더 맛있게 만들어낸다.

이커머스의 콘텐츠는 고객의 감성을 움직이도록 만들어져야 한다. 고객은 실제 제품을 보지 않고 구매하기 때문이다. 다행히 사람은 누구나 상상을 하기에 실제 제품을 보지 않아도 사진으로 맛을 느낄 수 있고 옷을 입어볼 수 있다. 이커머스 비즈니스는 실물이 없어도 판매 가능하며, 고객을 유혹하는 콘텐츠 유무에 따라 성패가 결정된다. 구매대행 방식도 사진과 설명으로만 구매가 이루어지지 않는가? 심지어 제품 없이, 재고 걱정도 없이 판매하는 것이니 고객의 상상력을 자극하는 콘텐츠를 잘 만든다면 그만큼 큰 이익을 볼 것이다.

2. 이커머스 창업은 정해진 자격이 없는 영역이다. 광고에는 일정 수준의 지식이 필요하지만, 그조차 툴이 계속 달라지기

에 기존의 지식에 머물지 말고 미디어의 변화에 맞춰 지속적으로 적응해야 한다. 이때 광고 툴에 매달리기보다 제품이 어떻게 생산되고 어떤 식으로 판매되는지 직접 현장에서 보고 느끼면 강의나 책에서는 기대하기 어려운 영감을 얻을 수 있다. 광고 툴을 잘 다루는 사람은 많은 반면 전체 흐름을 읽고 그 흐름에 맞게 처방을 내릴 줄 아는 이들은 드문데, 현장 경험은 전체 흐름을 읽고 왜 그것이 작동하는지에 대한 감각과 안목을 기르는 데 큰 도움이 된다. 할 수 있다면 흐름을 가져오는 것도 가능하다.

3. 직접 내 돈을 써서 광고를 돌려봐야 한다. 나 역시 직원으로 일하면서 월급을 털어 광고를 집행한 적이 있다. 한 클릭 한 클릭 돈이 나갈 때마다 피가 마른다. 상황과 처지가 절실함을 만든다. 벼랑 끝에 서봐야 필사적인 마음이 생긴다. 아는 것과 느끼는 것은 전혀 다른 차원이다. 그러한 경험은 접객에 대한 기준을 높여준다. 비로소 고객 맞을 준비를 제대로 하게 된다. 철저한 준비는 높은 구매전환과 매출로 이어지며, 뭐라도 더 준비할 것이 없는지 찾아보는 습관으로 자리잡는다.

4. 빤한 이야기 같지만 일을 대하는 마음가짐이 달라야 한다. 직원이어도 사장의 마음으로 일해볼 것을 간곡히 권한다. 주인의식을 갖고 열심히 하라는 관념적인 이야기가 아니라, 남의 돈으로 사업을 해보라는 말이다. 내가 사장이라면 지금과 어떻게 다르게 할지 고민하다 보면 창업 아이템이 떠오르기도 한다. 물론 누구에게나 그런 경험이 주어지는 것은 아닐 것이다. 사장이나 상사가 마음으로 인정할 만큼 치열하게 일해야 일의 지혜도 얻고 실행할 기회도 얻을 수 있다.

5. 이커머스 마케팅은 단순히 고객을 불러오는 데 그치지 않고 경영 전반의 모든 활동을 포괄한다. 판매처나 원가율, 디자인 등은 아이템의 태생 단계부터 결정되므로 그에 맞는 시나리오 설계가 필요하다. 예컨대 제품 원가율이 너무 높으면 제한된 채널에서 홍보와 판매를 할 수밖에 없다. 따라서 흔한 마케터가 되지 않으려면 책상 앞에만 있어서는 안 된다. 현장에서 일하며 기획, 생산, 물류, 유통 전반을 이해해야 한다. 내가 판매하는 제품이 실제 어떻게 포장되고 고객에게 전달되는지를 알아야 고객에게 올바른 제안을 할 수 있다.

6. 좋은 콘텐츠가 광고를 이긴다. 인공지능의 발전 속도는 놀라울 정도고, 광고관리는 인공지능이 더 유능하다. 그러니 우리 인간은 소비자의 감정을 울리는, 보고 싶고 찾고 싶은 콘텐츠에 사활을 걸어야 한다. 1번에 말한 '시각화하는' 능력이 그런 면에서 큰 도움이 된다.

7. 실패에 연연하지 말자. 성공보다 실패에서 배우는 것이 더 많다. 그러니 시도를 멈추지 말자. 작은 실패를 버텨내는 과정에서 선순환 구조가 만들어진다. 작은 실패를 내 돈 들이지 않고 할 수 있는 또 다른 기회는 직장에서 남의 사업을 내 것처럼 하는 것이다. 돈은 곧 사라지지만 내재화된 경험과 명성은 내 것으로 남는다.

8. 작은 회사라고 외면하지 말자. 어떤 관점에서는 장사가 잘 안 되는 곳이 더 배울 게 많고 할 수 있는 것도 많다. 잘못된 것을 고쳐볼 기회도 많다. 반면 이미 잘되는 곳은 내가 큰 성과를 올렸더라도 변화를 체감하기 어렵다. 성장에도 시기와 속도와 타이밍이 있다. 견딜 각오가 돼 있다면 작은 곳에서 일을 배우는 것이 더 빠른 성장에 도움이 된다.

9. 상대가 원하는 걸 만족시킬 수 있는지 계속 고민하자. 고객만족이라는 '정답'을 목표로 삼아도 잘못된 방향으로 갈 수 있다. 상대방의 감정은 아랑곳없이 짝사랑하는 이에게 계속 프러포즈하면, 과거에는 낭만적이라 했지만 지금은 스토킹으로 처벌받는다. 이런 일이 이커머스 세계에서 실제로 많이 일어난다. 고객을 만족시키겠다면서 정작 고객이 뭘 원할지 혼자 결정한다. 고객에게 물어보고 개선하기를 멈추지 말자. 고객의 불만이 나에겐 경쟁사를 압도하는 기회가 될 것이다.

10. 속도는 중요하지만 지속은 더 중요하다. 프로의 세계에서 실력은 기본이다. 금메달을 따러 온 최고의 선수들을 좌절에 빠뜨리는 것은 작은 실수다. 상대의 작은 실수로 거둔 승리에 취하지 말아야 한다. 그것은 운이다. 운과 실력을 정확하게 분별해야 한다. 남들보다 더 오래 할 수 있는 것만이 실력이 된다. 누구나 실력을 갖춘 프로의 세계에서, 나의 성공은 운이 더해졌을 가능성이 크다고 생각하자.

11. 마케팅은 실행보다 정신적 고행을 더 많이 동반한다. 프로들을 보면 멘털 관리야말로 실력이라고 느낄 때가 많다. 때

로는 오래 앉아 있는 것도 재능이다. 몸으로 하는 일은 시간이 지나면 한계가 오는데, 정신력이 강하면 체력보다 더 오래 버틸 수 있다. 투정은 프로에게 있을 수 없다. 책임과 결과만, 그리고 행동만 있다는 것을 잊지 말자.

12. 상대방의 마음을 움직이는 건 결국 진정성이다. 고객을 속이는 행위는 결코 해서는 안 된다. 스스로 진짜라고 믿지 않는다면 판매하지 않는 편이 더 좋다. 매출이야 반짝 상승하겠지만, 그게 다수의 고객경험을 이길 수는 없다. 진정성 있는 상품과 스토리가 고객의 마음을 붙잡을 수 있도록 나다운 것들로 채워가자.

13. 개인의 역량에는 반드시 한계가 있다. 그런데 이 한계를 초월하게 하는 힘이 있다. 바로 사람들과 관계를 맺어가는 능력이다. 이 관계 맺기의 알고리즘을 깊게 들여다보고 이해하고 활용할 수 있어야 한다. 앞서 말한 종교나 네트워크 마케팅이 어떻게 사람을 끌어모으고 어떻게 확산되는지 보면 마케팅에 많은 힌트를 얻을 수 있다. 그중에서도 기억해두어야 할 점은 좋은 것과 위험한 것일수록 가까운 사람에게 먼저 알린다는

사실이다. 파급력과 확산을 목적으로 한다면 고객에게 내 상품이 좋다는 믿음을 주기보다 어느 정도 공포를 활용하는 것도 효과적일 수 있다.

남의 성장을 돕는 것이야말로
가장 큰 성공

세상에는 제품을 만드는 수많은 사람이 있다. 서울벤처스는 그들이 만든 제품을 더 많은 이들이 더 많이 경험할 수 있도록, 온라인 세상을 한발 앞서 겪은 경험과 노하우를 바탕으로 돕는다. 고객사가 우리를 찾아와 자금이 부족하다고 하면 투자자를 설득해 투자받도록 돕고, 광고를 하고 싶으면 광고를 집행하고, 웹사이트가 없으면 웹사이트를 만들고, 상품이 부족하면 상품 개발을 맡고, 생산 인프라가 취약하면 생산 인프라를 찾아 효율을 극대화한다.

즉 이커머스 경영 전반에 걸친 모든 일을 돕는 셈이다. 성장통을 겪지 않는 것은 불가능하지만 되도록 완화하고, 노하우와 기술이 필요하면 기술을 개발해 적용한다. 엄밀히 따지자면 대행사가 할 일은 아니지만, 우리의 고객이 살아남을 수 있도록 모든 영역에서 돕는다.

이를 위해 서울벤처스는 광고에이전시팀, 컨설팅팀, 애드테크팀의 3가지 영역으로 구성되었다. 개인의 능력은 분명 한계가 있기에 최고라 자부하는 이커머스 전문가 집단을 만들었다. 그중 우리가 가장 많은 시간과 비용을 쓰는 것은 기술 사업, 즉 애드테크 사업이다. 앞으로 이커머스 시장의 미래는 기술의 발전으로 향방이 갈릴 것이다. 이미 쿠팡이나 아마존 같은 큰 기업은 막대한 자금으로 데이터를 수집하고 분석하며 기술을 활용한다. AI를 활용한 추천 시스템이 그러한 예다. 그러나 소상공인들에게 기술을 활용한다는 것은 남의 나라 일처럼 아득하다. 기술팀을 내부에 꾸리는 것은 수십, 수백억이 들어가는 프로젝트여서 개인이 엄두 내기 어렵다.

우리는 생산자 또는 판매자들이 쉽게 활용할 수 있는 솔루션을 만들어 기술의 격차를 줄여나가는 것을 목표로 하고 있다. 나아가 판매자들의 노동집약적인 일들을 줄여가는 것, 그들이 해외로 진출할 수 있도록 돕는 것이 우리가 하는 일이다.

처음 7명이 시작한 사업은 1년이 지난 지금 30명의 구성원이 함께할 정도로 착실히 성장하고 있다. 아직 작은 스타트업이지만 많은 고객사의 성공을 돕는다는 자부심이 있다. 고객사의 성공과 성장에 방점을 찍는 이유, 그리고 서울벤처스에 합류한 이유는 여러 가지가 있지만 이커머스라는 업에 대한 애정과, 누군가의 성공을 돕는다는 자부심 때문일 것이다.

불과 10여 년 전, 아이폰이 처음 나왔을 때만 해도 이커머스는 사회에서 크게 인정받는 분위기가 아니었다. 그럼에도 이커머스 종사자들은 시스템으로 수익을 만들어내는 대열에 빠르게 합류했다. 과거에는 웹퍼블리싱 능력을 갖춘 사람들만 온라인 쇼핑몰을 만들 수 있었는데, 지금은 어떤가. 수많은 웹호스팅 업체가 무료로 서비스를 제공하고 카페24와 메이크샵, 고도몰, 네이버 스토어팜을 통해 제품을 파는 것이 가능해지면서, 많은 사업자가 자신의 업을 만들어가는 이커머스 대열에 합류했다.

문제는 시장과 세상의 흐름이 또다시 달라지고 있다는 것이다. 열심히 일하고 즐겁고 재미있는 일을 하는 것은 여전히 귀중한 가치이지만, 부의 구조를 알지 못하면 뒤처지는 안타까운 세상이 되어버렸다.

부의 시스템은 크게 노동 소득과 시스템 소득, 자본 소득이라는 3가지 영역으로 나뉜다. 노동 소득은 말 그대로 주어진 시간으로 돈을 버는 것이다. 지식 노동자도 다르지 않다. 시스템 소득은 비범한 사람이 하는 일을 평범한 사람들도 할 수 있도록 시스템을 만들어 창출하는 소득을 말한다. 자본 소득은 돈이 돈을 버는 투자의 단계로, 시스템에 투자함으로써 돈이 스스로 일하게 하는 것이다.

그동안 이커머스는 노동 소득을 넘어 시스템을 통한 소득을 가장 빠르게 만드는 길로 각광받았다. 그러다 최근에는 자본 소득의 단계로 넘어가고 있다. 과거와 달리 이커머스 인프라에 관한 많은 지식과 노하우가 공유되고, 시장의 성장 속도도 감당하기 어려울 정도로 빨라지고 있다. 이커머스도 이제는 단순한 기술이 아닌 하이테크가 적용되고 있으며, 향후 이커머스 사업을 선도하는 것은 기술이 될 거라 확신한다.

자본 소득 단계로 넘어가는 이러한 흐름의 변화에서 진정한 '파는 기술'을 가진 사람들은 누구일까? 역설적이게도 노동집약적으로 일하거나 시스템을 갖추어 일하는 실무자, 개인 창업자, 오랫동안 장사를 해온 분들이다. 이들의 기본기에 기술이 더해지면 지금의 성과를 뛰어넘는 성장이 가능할 것이다.

그런 점에서 내 일이 더욱 의미 있다고 느낀다. 누군가의 성공과 성장을 돕고 견인하는 것이야말로 그 어떤 도전보다 해볼 만한 가치가 있는 일 아닐까? 게다가 이커머스는 이제 자본의 흐름뿐 아니라 라이프스타일이나 시장의 전반적인 니즈까지 주도하는 국면으로 접어들었다. 의미와 재미와 경제적인 이득까지 모두 갖춘 이 업을 정교하게 다듬어가는 일을 오래오래 하고 싶은 것, 나의 마음이자 우리의 목표다.

꿈을 이루고도 좌절했던 이유

코칭을 위해 사장님들을 만날 때마다 몸도 마음도 아픈 분들을 자주 맞닥뜨린다. 그도 그럴 것이, 누군가를 책임져야 하는 사장의 일은 끝없이 힘들고 외로운 싸움이다. 그나마 몸이 아픈 것은 극한의 상황까지만 가지 않으면 버틸 수 있는데, 문제는 정신이 무너지는 순간이다. 정신과 육체는 연결되어 있다고들 하지만, 몸이 아파도 강인한 정신력을 가진 이들은 결국 이겨내는 반면, 정신이 무너지는 사람들은 괴로운 삶을 사는 모습을 많이 본다. 인기와 부를 누리던 연예인이 갑자기 극단적인 선택을 하는 것도, 외롭고 힘든 나머지 마음의 방향을 잃어버렸기 때문이다. 힘들어하는 사장님들을 볼 때마다 마음이 고된 것 같아 내 마음도 아프다.

　일을 하다 보면 누구나 한 번은 번아웃, 슬럼프를 겪는다. 나도 그랬다. 그리고 남들은 이해하기 어렵다고 했지만 가장 돈을 많이 벌 때 가장 불행했다. 20대라는 비교적 이른 나이에 창업해 어느 정도 물질적인 성공을 이뤘고 버킷리스트를 다 지웠는데도 큰 공허함이 찾아왔다. 꿈을 다 이루었는데 기쁘기는커녕 왜 공허한지 의아했다. 상상도 못했던 일이었다.

　시간이 지난 후에야 내가 꾼 꿈이 물질에 국한된 것이어서 그랬다는 것을 알았다. 어릴 적 용돈을 모아 갖고 싶은 신발을 샀을 때를 떠올려보자. 뛸 듯이 기쁘지만 그러한 기쁨은 오래 가지 않는다. 나 역시 창업하고 죽기 살기로 노력해서 집도 사고 고급차도 사고 결혼을 하겠다는 목표를 이루었다. 나와는 거리가 먼 일인 줄 알았는데 1~2년 만에 목표를 모두 이룬 후에, 정신적인 고행이 시작되었다.

　내가 무엇을 위해 일하는지 스스로 되물었다. 매슬로우가 말한 인간의 욕구 5단계를 살펴봐도 물질적인 만족은 어느 정도 수준까지 도달하면 결국 비슷하다. 자아성취의 단계로 나아가지 않으면 인간은 불행해질 수밖에 없다. 우리가 기억하는 위대한 사상가와 혁명가들 모두 자신의 신념을 가지고 움직였으며, 위대한 기업가들도 기업가 정신을 이야기한다. 숫자를 목표로 삼으면 쉽게 지친다는 것, 꿈은 명사가 아닌 동사가 되어야 한다는 것을 나는 너무 늦게 깨달았다. 돈을 많이 벌기 위해서가 아니라, 자신이 무엇을 위해 사업을 하는지를 스스로 정하고 나아가야 한다. 그 이유를 찾는다면 단언컨대 더 오래 달릴 수 있고 조금 더 단단하고 우직하게 남들보다 더 많은 운을 경험할 수 있을 것이다.

코칭 기간에 정신적인 것들을 강조하며 그것이 무너지지 않도록 돕는 것도 이 때문이다. 돈이 중요하지 않다는 것이 아니다. 삶의 목표와 물질적인 목표는 엄연히 달라야 하고, 창업자가 물질적인 것만 생각하며 일해서는 안 된다는 것이다. 삶은 우리가 원하는 방향이며, 어느 정도의 돈은 그 삶을 살기 위한 방법 혹은 수단이 되어야 한다.

가장 멋있는 직업

책을 다 쓴 후에야, 이 책을 쓴 숨은 이유를 밝힐 수 있을 것 같습니다. 인식에 대한 이야기를 여러 번 했지만, 직업에 대한 인식도 일종의 브랜드라 생각합니다. 우리가 하는 일을 다음 세대가 기꺼이 반기게끔 만들려면 내가 하는 일이 멋져(?) 보여야 합니다. 20대의 제가 쇼핑몰 운영하는 사람들을 동경의 눈빛으로 바라본 것처럼 말이죠. 멀리 갈 것도 없이 우리 주변만 봐도 직업 브랜딩에 실패한 사례가 너무 많습니다. 동대문의 주력 세대가 60~70대라는 이야기와 성수동 공방의 막내가 60대라는 우스갯소리는 마냥 웃을 수만은 없는 현실이 되어버렸습니다. 과거의 농업이 그랬던 것처럼 명맥이 끊긴 겁니다.

이와 달리 이탈리아의 가죽 공방에는 고등학생이 앞치마를 두른 채 장인의 기술을 배운다고 합니다. 가까운 동양권의 일본에도 가업을 이어받는 문화가 존재합니다. 후배들이 따르고자 하는 직업과 그렇지 않은 직업, 그 차이는 일에 대해 우리가 가진 인식이 다르기 때문입니다.

이 책을 쓰면서 가장 먼저 한 생각은 이커머스가 얼마나 재미있고 많이 배울 수 있는 일인지, 얼마나 가치 있는 일인지 알리고 싶다는 거였습니다. 이커머스는 노력한 만큼 결실을 얻어가는 멋진 정직함이 존재하는 세계이며, 감각보다 확률로 움직이는 차가운 세계이자, 가끔은 반전이 일어나는 꿈 같은 세계입니다. 아울러 기본만 지킨다면 얼마든지 자신의 취향을 지키면서도 매출을 올릴 수 있는 세계입니다.

하지만 요즘 사람들이 이커머스를 바라보는 인식은 단기간에 회사를 궤도에 올려놓거나 큰 금액에 매각한 사례가 많은 세계, 즉 일확천금의 이미지에 더 가깝지 않나 싶습니다. 그보다는 자신이 좋아하는 일을 끝까지 밀어붙여 지켜내는 창업자들이 훨씬 더 많은 곳이 이커머스인데 말이죠. 이처럼 자기만의 철학을 가진 사람들이 이커머스에 뛰어들기를 바라면서 이 책을 썼습니다.

지식이 많아서가 아니라 좀 더 일찍 시작했기에 책을 쓸 수 있었습니다. 저 혼자였으면 불가능했을 것입니다. 조금은 시대착오적인 이야기로 들릴 수도 있지만, 선배 없는 후배는 없고, 누군가의 도움 없이 혼자 이룰 수 있는 성공은 없으니까요.

부족하지만 한 권의 책을 내기까지 도와주신 여러 분들의 얼굴을 떠올려봅니다. 선배, 후배, 함께 일하는 동료들이 아니었다면, 제 일에 대한 이야기를 이렇게 공식적으로 할 수는 없었을 겁니다.

서벤의 코치 김상임 코치님, 어려운 상황에 우리를 찾아와 준 양동민 이사님, 지금은 꿈을 이룬 아보키 태준이와 인우 형, 슬림쿡 고재현과 고영주 고 브라더스, 조군샵 안익이 형과 광민이 형, 붐스타일 철민이와 대훈이, 로코코 케이 형과 용표 형, 시조새 제이브로스 택중이 형, 사랑하는 친구 같은 경민 형과 상록 형, 첫 선생님 태오형과 광고 일을 시작하도록 이끌어준 창현 형, 늘 저를 지지해 주는 지완이와 제 정신

적 지주 현배 형과 판진 형, 위대한 브랜드를 만들어가는 앤더
슨벨의 정회 형, 김태규 이사님과 용석 형님, 언제나 진심으로
저를 걱정해주는 나다컴퍼니 옥만 형과 바보 같은 주원이, 제
2의 전성기를 보내고 있는 인평 낙근이, 천사 경재, 가장 어두
운 터널을 지날 용기를 주신 데일리트렌드 김소희 대표님, 톡
스앤필 재형 형, 영석 형, 톡스앤 필 관계자 분들과 저의 첫 창
업 골든몽키를 함께했던 경진이, 재곤이, 성민이, 동철이, 우
리에게 귀한 조언을 아끼지 않았던 박수호 기자님과 이창우
대표님, 소성현 대표님, 서벤의 멘토 박성혁 대표님, 제 곁에서
같이 뛰며 저를 믿어주고 지지해주는 우리 서울벤처스 팀원
들에게 감사합니다. 마지막으로 여러 번 포기하고 싶은 마음
을 이겨내고 책을 낼 수 있도록 기꺼이 코치가 되어준 북스톤
출판사에도 감사의 마음을 전합니다.

  평소 책 읽는 것을 좋아합니다. 책 속의 대가들은 멋모르던
시절의 저에게 스승이자 길잡이였습니다. 현실에서는 그들의
철학을 실천하고자 노력했습니다. 그런 만큼 저 역시 처음 쓰
는 책에 철학을 담고 싶었지만, 대신 경험을 담았습니다. 경험
이 쌓이고 쌓여 철학을 만들어가는 것임을 책을 쓰면서 다시

한 번 깨닫습니다.

나유업

나 코치의 파는 기술
100억짜리 이커머스는 처음 1년에 완성된다

2024년 3월 1일 2쇄 발행

지은이 나유업
펴낸이 김은경
편집 권정희, 장보연
마케팅 박선영
디자인 황주미
경영지원 이연정
펴낸곳 (주)북스톤
주소 서울시 성동구 성수이로7길 30 빌딩8, 2층
대표전화 02-6463-7000
팩스 02-6499-1706
이메일 info@book-stone.co.kr
출판등록 2015년 1월 2일 제2018-000078호

북스톤은 세상에 오래 남는 책을 만들고자 합니다. 이에 동참을 원하는 독자 여러분의 아이디어와 원
고를 기다리고 있습니다. 책으로 엮기를 원하는 기획이나 원고가 있으신 분은 연락처와 함께 이메일
info@bookstone.co.kr로 보내주세요. 돌에 새기듯, 오래 남는 지혜를 전하는 데 힘쓰겠습니다.